Nadčasová cesta

Nadčasová cesta

Průvodce spiritualitou krok za krokem

Swami Ramakrishnananda Puri

Mata Amritanandamayi Center
San Ramon, Kalifornie, Spojené státy americké

Nadčasová cesta

Průvodce spiritualitou krok za krokem
Swami Ramakrishnananda Puri

Vydal:
Mata Amritanandamayi Center
P.O. Box 613
San Ramon, CA 94583
Spojené státy americké

———————————— *The Timeless Path (Czech)* —————

První vydání: duben 2020

V České republice:
cz.amma.org
czech@amma.org
facebook.com/amma.cz

V Indii:
www.amritapuri.org
inform@amritapuri.org

Věnování

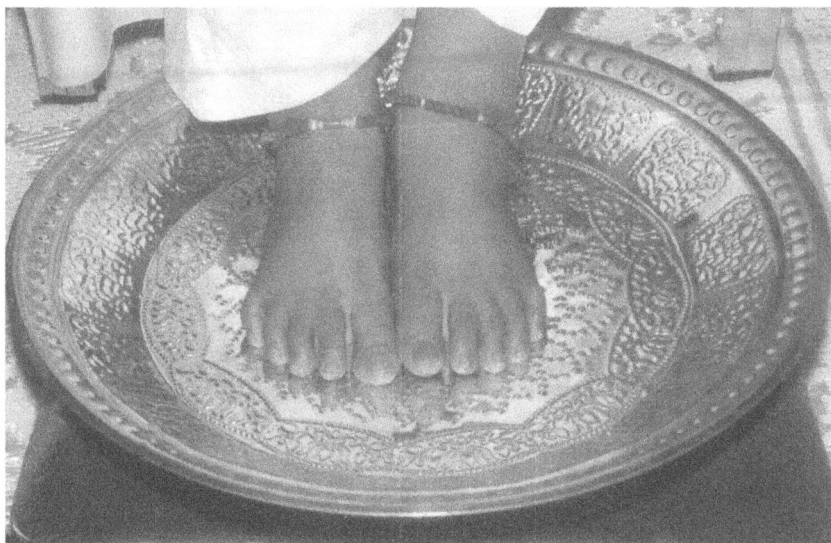

Tuto knihu si dovoluji skromně věnovat lotosovým nohám
mého učitele Šrí Máta Amritánandamají

꒰ঌ⚭ও꒱

Bůh: výraz,používající se na Západě nejčastěji k označení nehyb-
ného principu/podstaty, který proniká celým vesmírem. V tradici,
kde vyrůstala Amma, se za manifestaci uvedeného principu
považuje vše na tomto světě. Tato podstata je charakterizována
jako blažená, vše prostupující, věčná, všemocná; naše vlastní
přirozenost. Světová náboženství používají k popisu této síly
různá slova; Alláh, Brahma, Bůh. Jiné termíny jsou Podstata,
Vědomí či Átmán.

꒰ঌ⚭ও꒱

Obsah

Nadčasová cesta – úvod 9

Šrí Máta Amritánandamají 13

Kapitola 1 – Proč lidé přichází k Ammě 15

Kapitola 2 – Pouto, které zničí veškerá pouta 25

Kapitola 3 – Význam duchovního učitele 35

Kapitola 4 – Proč Amma založila ašram 57

Kapitola 5 – Očista pomocí karma jógy 69

Kapitola 6 – Rozšiřujeme svůj pohled 93

Kapitola 7 – Kultivace božských vlastností 101

Kapitola 8 – Jak zbystřit mysl 115

Kapitola 9 – Odstranění kořene utrpení 141

Kapitola 10 – Osvobození za života a po něm 167

Průvodce výslovností 178

Terminologie 180

Nadčasová cesta – úvod

*Matko Boží, nechť mohu přijít
a pobývat ve Tvé přítomnosti,
prosím veď mne touto nadčasovou cestou.
Ty, která okouzluješ celý vesmír, stůj vždy při mně.
Ty, jež jsi ztělesněné vědomí, existence a blaženost,
klaním se Ti se sepnutýma rukama.*
— z bhadžanu Ammy „En Mahadevi Lokesi Bhairavi"

SPIRITUALITA JE ČASTO popisována jako cesta. Kde ale ve skutečnosti začíná a kde končí? Kam nás vede? a dále, kdo jí vytváří? Je hledající opuštěným dobrodruhem, prodírajícím se džunglí nemaje nic než pouhou mačetu? Nebo je cesta již dána a zpřístupněna dávnými mistry? Existuje více cest nebo jen jedna? Pro nás, pro děti Ammy, jaká je přesně cesta, kterou Amma ukazuje? Pokud je duchovní život skutečně cestou, jedná se o dost důležité otázky.

V bhadžanu, který posloužil jako úvodní verše k této předmluvě, se Amma modlí k Dévi, aby jí vedla po *šášvata marga*. Šášvata znamená „věčná"; marga „cesta". Slovo „věčná" bychom ale neměli chápat tak, že cesta nemá konec. Amma chce jen poukázat na skutečnost, že duchovní cesta je sama o sobě *nadčasová* – tedy pro každou generaci, v každém cyklu stvoření, zůstává stejná.

Hinduizmus je často nazýván Sanátana Dharma – Věčný způsob života. To proto, že Védy, první písma popisující duchovní cestu, jsou považovány za *anádi* – bez počátku – a *ananta* – vždy existující. Védy nejsou výtvorem lidí, ale trvalou součástí vesmíru – jak kdosi poeticky poznamenal, „dechem života". Nejsou opětovně formulovány v každém stvořitelském cyklu, spíše lze

9

říci, že „vyvstaly" v myslích moudrých mužů a žen, jejichž mysl byla natolik čistá, že védské mantry a pravdy se jim jevily jako písmo na obloze. Právě oni poté předali védy prvním žákům. Tak pokračují a jsou předávány z generace na generaci, v nekonečném sledu, stále dál.

V následující knize se na tuto Nadčasovou cestu společně podíváme a blíže probereme její hlavní zákoutí a okliky. Také zjistíme, že i když Amma nikdy žádná písma nestudovala, tak cesta, kterou zastupuje, je stejná jako ta, o níž se píše ve Védách a kterou hlásají tradiční duchovní texty jako Bhagavad-gíta. Amma kdysi odpověděla na otázku jednoho novináře, co vlastně učí: „Má cesta je cesta, jakou šel Šrí Krišna[1]; nic nového to není."

Také si povšimneme, že to, co mnozí považují za spoustu rozdílných metod – karma jóga, meditace, džnána jóga atd. jsou ve skutečnosti různé aspekty jedné cesty. Jak Amma často uvádí, „Karma (činnost), džnána (moudrost) a bhakti (láska) jsou důležité. Když dvě ptačí křídla představují činnost a lásku, pak moudrost symbolizuje ocas. K tomu, aby se pták vznesl do výšin, potřebuje pomoc všech tří." Karma jóga a praxe typu meditace posouvají duchovní žáky dopředu a moudrost mistrů jim dává správný směr.

Osobnost jako je Amma, která vlastní autentickou duchovní moudrost, přijímá všechny náboženství a chápe jejich správné místo, které ve velkém kontextu jedné cesty zaujímají. Jak roku 2000 v New Yorku na generálním shromáždění OSN vysvětlila, „smysl všech náboženství je jeden – očištění lidské mysli."

Hinduisté mají svůj systém mentální očisty, buddhisté mají svůj, křesťané mají svůj, stejně tak židé, džinisté, muslimové atd. Sanátana Dharma přijímá všechny. Nakonec, až je mysl zcela očištěna, musí však duchovní žák veškeré praktikování transcendovat a pochopit svoji Skutečnou Podstatu. Pouze tímto způsobem dojde na konec Nadčasové cesty. Konec konců se říká, že duchovní nevědomost také nemá počátek, podobně jako Védy

---

[1] „Cesta Šrí Krišny", jak je popisována v Bhagavad-gítě, představuje rekapitulaci cesty Véd.

a cesta, kterou proklamují. Nevědomost však, na rozdíl od Véd, konec má. Ten přichází s blaženým pochopením, že to, co je opravdu nadčasové, je ve skutečnosti naší vlastní Podstatou.

Šrí Máta Amritánandamají

Dokud bude mít Amma dostatek síly, aby dosáhla na ty,
kteří k ní přichází a položila ruku na rameno plačícího
člověka, bude Amma pokračovat v dávání daršanu.
S láskou objímat příchozí, utěšit je a utírat jim slzy až
do konce tohoto smrtelného těla – to je mé přání.

—Amma

DÍKY SVÉMU MIMOŘÁDNĚ laskavému jednání a sebeobětování, Šrí Máta Amritánandamají, či „Amma" (matka, máma), jak je běžněji nazývána, vstoupila do srdcí milionů lidí po celém světě. Láskyplně pohladí každého, kdo k ní přijde a mile jej na chvíli obejme – tak Amma rozdává svou nepodmíněnou lásku všem bez rozdílu – nezávisle na vyznání, postavení či důvodu, proč k ní lidé přichází. Tímto prostým, přesto silným gestem transformuje životy bezpočtu lidí, pomáhá jim otevřít srdce; každému po jednom objetí.

Za uplynulých 37 let Amma fyzicky objala přes 29 milionů lidí ze všech částí světa.

Její neúnavná touha se obětovat pro ostatní inspirovala vznik rozsáhlé sítě charitativních aktivit, díky nimž lidé zažívají hlubší pocit míru a vnitřního naplnění, jenž pramení z nesobecké pomoci druhým. Amma učí, že Bůh existuje ve všem, živém i neživém. Uvědomění si této pravdy je samou podstatou spirituality – způsobem, jak se vymanit z veškerého utrpení.

Učení Ammy je univerzální. Kdykoli má odpovědět na otázku, jaké zastává náboženství, říká, že jejím náboženstvím je láska. Po nikom nežádá, aby věřil v Boha nebo měnil svou víru, chce jen, aby se lidé sami tázali po své Skutečné Podstatě a měli víru v sebe.

13

Kapitola první:

Proč lidé přichází k Ammě

*Jako naše tělo potřebuje správné jídlo, aby mohlo
žít a vyvíjet se, naše duše potřebuje lásku, aby
rozkvetla. Síla a výživa, kterou láska dokáže
poskytnout naší duši, má ještě větší význam než
výživná hodnota mateřského mléka pro dítě.*

–Amma

KDYŽ NAVŠTÍVÍTE NĚKTERÝ z programů, které Amma
pořádá, jedna z prvních věcí, kterých si všimnete je skutečnost, že
lidé přichází za Ammou takřka odevšad – ze všech náboženství,
ze všech zemí, ze všech sociálních vrstev.

Někteří jdou po duchovní cestě desítky let; někteří se v životě
nedotkli jediné duchovní knihy. Někteří přichází jen proto, že trpí
fyzicky, mentálně či materiálně a doufají, že jim pomůže. Někteří
jsou jen zvědaví. Možná zahlédli Ammu v televizi nebo v novi-
nách a chtějí na vlastní oči vidět, o čem celá ta věc s „objímající
svatou ženou" vlastně je. Pak jsou zde hledající – jak nováčci,
tak pokročilí. Věří, že Amma, jako osvícený duchovní učitel, jim
pomůže dosáhnout nejvyššího cíle lidského života – duchovního
osvobození.

Většina lidí za Ammou přichází, protože má nějaký problém
a věří, že ona to vyřeší. V Bhagavad-gítě Šrí Krišna označuje
ty, kteří přichází k Bohu či osvícenému člověku (*mahátma*), aby
je zbavil útrpných okolností jako *árty*. Na úvod svých veřejných
projevů se Amma často obrací k těmto lidem slovy, „Amma ví, že
90 procent všech přítomných fyzicky či emocionálně trpí. Někteří

nemají práci. Někteří mají práci, ale potřebují lepší kariéru. Jiní mají problém najít vhodného ženicha pro své dcery. Někteří jsou v soudním sporu. Někdo nemá peníze na koupi domu. Jiní mají domy, ale nemohou je prodat. Někteří trpí nevyléčitelnou nemocí…" Amma těmto lidem říká, že nemá smysl se obávat. Pokud to děláme, je to jako bychom se dívali na své zranění a naříkali. Říká, že děláme-li si starosti, vše jen zhoršujeme; namísto toho je třeba aplikovat léčbu. Máme se snažit, jak nejlépe umíme a pak se odevzdat do vůle Boží – dovolit Bohu, aby nesl tíhu našeho břemene.

Mnoho z těchto lidí skutečně zjišťuje, že jejich problémy se do jisté míry vyřešily. Ženy, které nebyly schopny počít, najednou otěhotní. Lidé, kteří jsou zapletení do soudních sporů a modlí se k Ammě, často vidí, že se okolnosti obrátí v jejich prospěch; finanční problémy se zlepší. Existují dokonce i případy, že se zmenší či zcela vymizí zdravotní obtíže. Amma, je-li seznámena s těmito skutečnostmi, odmítá své vlastní přičinění, ale vše připisuje jen Bohu a síle, kterou má víra jednotlivých lidí.

Podobně je tomu s jednotlivci, které Šrí Krišna označuje jako *arthárthy*. Tito lidé nepřichází za Ammou, aby je zbavila utrpení, ale aby jim pomohla splnit jejich materiální přání. „Ammo, pomoz mi dostat se na vysokou!" „Prosím, ať můj obchod prosperuje!" „Pomoz mi, prosím, získat víza!" „Ať, prosím, vyjde tiskem má kniha!" Arthárthové vnímají Ammu jako rezervoár požehnání a stále s ní mluví o svých přáních. I zde můžeme vidět jednotlivce, kteří se vrátí za týden, měsíc či za rok a s úsměvem od ucha k uchu děkují Ammě za splnění jejich modliteb.

Jak je to vše možné? Podíváme-li se do Véd, zjistíme, že empaticky doporučují, abychom navštívili osvícené mudrce, chceme-li splnit nějaké přání.

yaṁ yaṁ lokaṁ manasā saṁvibhāti
viśuddha-sattvaḥ kāmayate yāṁśca kāmān |
taṁ taṁ lokaṁ jayate tāṁśca kāmāṁ-
stasmād-ātma-jñāṁ hyarcayedbhūti-kāmaḥ ||

Člověk čisté mysli získá světy, po kterých mentálně touží a příjemné věci, které si přeje. Proto ten, jenž si přeje přízeň, má uctívat toho, jenž poznal vlastní Podstatu.

Mundaka upanišáda, 3.1.10

Pointa je v tom, že osvícený mudrc může silou své *sankalpy* (volním rozhodnutím) získat cokoli si přeje. Píší-li však texty o „čistotě mysli", pak odkazují na mysl, která je zbavena všech přání. Principem je, že osvícený mudrc, nemaje osobně žádných přání, rád přijímá přání těch, kteří za ním přichází, a adekvátně jim žehna.

To však neznamená, že se přání splní všem. Do jisté míry zde hraje roli *prárabdha karma* (osud vzniklý na základě minulých činů). Amma ale přejímá i roli matky a nechce snad každá máma, aby její děti byly šťastné? Pokud ji požádáte o něco, po čem toužíte, co nikomu neublíží a neodporuje *dharmě* (zákonu spravedlnosti), určitě udělá maximum, aby vám pomohla – buď pomocí svých humanitárních projektů, radou nebo silou svého rozhodnutí.

Někteří lidé si mohou myslet, že přijít za Ammou kvůli světským věcem není správné, ale v Bhagavad-gítě Šrí Krišna označuje oba druhy lidí – árty i arthárthy za „vznešené"; říká, že samotný fakt, že se lidé obrací k Bohu, aby je zbavil utrpení či kvůli materiálním věcem, ukazuje na množství dobrých skutků, které tito jednotlivci ve svém současném či minulých životech učinili. Tato oddanost má však svá omezení a písma uvádí, že je sice dobré, začínat svůj život s tímto postojem, nicméně bychom u něj neměli skončit. Uvedená láska totiž netrvá dlouho. Když modlitby těchto jednotlivců zůstanou nevyslyšeny, zřídkakdy se vrátí zpět. a i když tito lidé získají to, proč přišli, často se vrací ke svému dřívějšímu stylu života a na Ammu zapomenou (dokud se samozřejmě nevyskytne další problém). My bychom se ale měli snažit o nějaký vývoj – a hledat u ní mnohem cennější věci, které může nabídnout.

To nás přivádí k další skupině lidí, kteří za ní přichází, *džij-násové* – ti, co hledají poznání. Džijnásu je člověk, jehož láska k Bohu má jiný charakter. Ví, že i když se jeho problémy vyřeší, tak jich časem přijde ještě víc. Chápe omezení všech světských cílů. Ammu považuje za sadgurua – osvíceného mistra, který slouží jako prostředek k trvalému, nikoli pomíjivému klidu a štěstí.

Ve skutečnosti nám písma říkají, že láska každého člověka začíná ve stavu árty, mění se v typ, jaký má arthártha a teprve tehdy se dostává na úroveň džijnásu[2]. Tato stadia popisují vývoj v porozumění a koncentraci věřícího. Někteří jednotlivci prošli tímto vývojem v minulých životech a svůj vztah s Ammou začnou rovnou jako duchovní studenti. Další prochází tímto vývojem v současném životě a jiní budou potřebovat i životy další.

Pokud si pozorně všímáme, můžeme vidět, že někteří lidé přichází kvůli materiálním věcem, ale po svém prvním daršanu se z nich stanou ti, kteří hledají pouze to Nejvyšší. Příčinou je jejich *samskára* – latentní inklinace k duchovnímu životu, kterou si přinesli ze svých minulých životů. Tato samskára tam čekala, ukrytá pod povrchem vědomé mysli, na dotek, slova, či pohled osvíceného mistra, aby ji probudil k životu. Zní to poněkud mysticky, ale ten samý fenomén lze najít v mnoha oblastech života, nejen ve spiritualitě. Mnoho velkých spisovatelů, hudebníků, sportovců a vědců nevykazovalo žádné známky nadšení pro svůj budoucí obor, dokud se jejich vášeň najednou neprobudila, často díky určité knize, koncertu, trenérovi atd.

Když jsem poprvé přišel za Ammou, spiritualita mne nezajímala. Vyrůstal jsem v ortodoxní bráhmanské rodině, takže jsem byl „nábožensky založený". Prováděl jsem *sandhja-vandanam*[3]

---

[2] Říká se, že je lepší být arthártha než ártha, protože arthártha hledá Boha kdykoli něco potřebuje, tj. poměrně často, zatímco ártha myslí na Boha pouze, když mu teče do bot.

[3] Rituální cyklus modliteb a observancí prováděných při východu a západu slunce.

a další ortodoxní hinduistické rituály. Tyto úkony jsem však vnímal jen jako způsob, jak získat materiální věci. Chtěl jsem se stát lékařem, ale neudělal jsem přijímací zkoušky, chybělo mi několik bodů. Od svého přání jsem tedy upustil a nechal se zaměstnat u banky, která mne poslala na svou pobočku v malém městě jménem Harippad. Byl jsem navýsost nespokojen, protože nejen že jsem nebyl na lékařské fakultě, ale musel jsem pracovat na maloměstě, kde, v tu dobu, nebyla ani jedna slušná restaurace...

Ze všeho nejvíc jsem si přál, aby mne v bance přeložili jinam – někam do velkého města. Když jsem uslyšel o Ammě (která má ašram asi 16 mil na jih od Harippadu), napadlo mne, že by možná mohla použít nějakou magii a pomoci mi s přeložením. Tak jsem jednoho dne sedl na autobus a vypravil se na daršan.

Když jsem přijel, Amma dávala daršan v Krišna Bhava.[4] Rodinná svatyně, kde se daršan konal, byla přímo vedle stáje pro krávy. Když jsem uviděl Ammu oblečenou jako Šrí Krišna, nevěděl jsem, co si mám myslet. Cítil jsem však obrovský klid. Když jsem přišel na daršan, ještě než jsem stačil něco říct, Amma poznamenala, „Aha, ty máš problém s prací." Pak mi podala plnou hrst drobných červených květů se slovy, že později v noci, až se ukáže v Dévi Bhava[5], jich mám přesně 48 věnovat Dévi (k mému překvapení, když jsem spočítal hrst květů, kterou mi Amma dala, tak jich bylo přesně 48).

V oněch dnech, kdy Amma začínala Dévi Bhava, nejprve tančila na místě před svatyní. Když tedy tančila, obětoval jsem květy, jak mi bylo řečeno. Jakmile tanec skončil, postavil jsem se do řady na Dévi Bhava daršan. Tentokrát, když mne Amma objala, jsem začal plakat. Její láska, soucítění a dobrota na mne silně zapůsobily a bylo mi řečeno, ať se posadím vedle ní. Sedl jsem si a ona mne spontánně zasvětila do mantry. Po chvíli řekla,

---

[4] Specifická forma daršanu, kdy Amma oblečením i chováním evokuje Šrí Krišnu

[5] Amma dávající daršan v oblečení i gestech Boží Matky

abych meditoval – naznačil jsem, že jsem to nikdy nedělal a ona že jen postačí, když zavřu oči. Tak jsem si řekl, proč ne.

Asi po deseti minutách jsem oči otevřel – tedy, myslel jsem si, že to bylo deset minut, a že bych měl uvolnit místo i druhým. Kolem mě však nebyl nikdo z lidí, kteří tam byli před tím; podíval jsem se na hodinky a ony mezitím uplynuly dvě hodiny... Říkal jsem si, že to není možné, že jdou asi špatně – a zeptal se muže sedícího vedle, ten mi ale čas potvrdil; meditoval jsem dvě hodiny. Zmateně jsem vstal, poklonil se a vrátil do Harippadu.

Další den jsem vůbec nemohl pracovat. Cítil jsem se omámený, jako bych se vznášel na oblaku klidu a štěstí. Měl jsem obavy, že když v tomto stavu půjdu do práce – kde mým hlavním úkolem bylo počítat peníze, tak následky budou katastrofální. Oznámil jsem tedy, že jsem nemocný a zůstal doma. Jediné, na co jsem mohl myslet, byla Amma a uklidňující účinek jejího daršanu. Další den jsem se opět nahlásil jako nemocný a třetí den jsem se rozhodl, že za ní musím znovu. Poté jsem v bance řekl, že doma zůstanu do konce týdne a všechen čas strávil u Ammy. Veškeré mé zájmy se úplně změnily. Amma ve mně probudila začátek touhy po spiritualitě. a nebyl jsem jediný případ. Mnoho jejích žáků, kteří dnes vystupují jako swámí, přišli na daršan nejprve s nějakým materiálním přáním, aby brzy zjistili, že je zajímá jen duchovní cesta.

Někdy se tak stane hned, někdy to chvíli trvá. U některých duchovní *samskára* není tak intenzivní, ale upoutá je Amma jako osobnost – její láska, pozornost, dobrota, její daršan atd. Tito lidé za ní přijdou pokaždé, když mají možnost, jejich vztah k Ammě se pomalu prohlubuje, až posléze začnou prakticky provádět, co učí. Amma je zasvětí do mantry nebo jim radí, aby se účastnili některých z mnoha humanitárních projektů ašramu. Jejich mysl se postupně pročistí, dojde k prohloubení duchovního pochopení a následkem toho se změní jejich zájmy. Časem tito jednotlivci zjišťují, že je duchovní cíle zajímají více než ty světské.

Někdy tato změna přijde i skrze požehnání nějakého materiálního cíle. Jeden člověk z Ameriky byl autorem románu a měl obrovskou touhu jej vydat. Svůj rukopis přinesl Ammě – ta se na něj usmála a s úctou se čelem dotkla knihy. Několik týdnů poté se spisovateli povedlo uzavřít smlouvu na vydání s velkým nakladatelstvím. Radost dotyčného neznala mezí. Než se stačil pořádně rozkoukat, jeho kniha byla na pultech všech knihkupectví v zemi. Netrvalo dlouho a onen muž viděl, že i když je uznávaným spisovatelem, přesto necítí naplnění. Po jisté sebereflexi si uvědomil, že i kdyby mu Amma splnila jakékoli přání, tento pocit by nezmizel. Jasně uviděl skutečnost, že klid a spokojenost, po kterých touží, nalezne jen uvědoměním si své Podstaty.

Amma sama o sobě představuje největší motivaci k následování duchovní cesty. Vidíme klid, štěstí a spokojenost, kterou očividně vyzařuje, a jsme tím zmateni. Je tu někdo, kdo pracuje 24 hodin denně, nebere žádný plat, nemá žádný majetek, nosí jen jednoduché oblečení a přesto je neskonale šťastnější než jakýkoli kreativně výkonný, finančně bohatý a fyzicky obdařený člověk na světě. Pozorujeme-li ji, rychle zjistíme, že musí znát nějaký recept na štěstí, o kterém zatím nevíme. Netrvá tedy dlouho a my zjistíme, že nás cesta k tomuto tajemství začne přitahovat více než dosahování dočasných materiálních cílů.

V Brhadaranyaka upanišadě nalezneme příběh, v němž žena jednoho mudrce (*rišiho*) zjistí, že její manžel toto tajemství ovládá a odmítne se spokojit s čímkoli jiným než, aby ji přijal jako žáka. Jméno rišiho je Džagnavalkya a jeho ženy Majtreji. Džagnavalkya měl i druhou manželku, Katyayani. Z těchto dvou Majtreji inklinovala ke spiritualitě, zatímco Katyayani k materiálnu. Jednoho dne Džagnavalkya sdělí Majtreji, že hodlá přijmout *sanjásu* (stav mnišství) a svůj vztah s ní a Katyayani ukončit. Když začal mluvit o tom, jak mezi obě ženy rozdělí svůj majetek, Majtreji ho hlasitě přerušila slovy, „pane, kdybych měla veškeré peníze tohoto světa, stanu se nesmrtelnou?" Džagnavalkya odpoví, že nikoli. Jakmile Majtreji uslyšela mužovu odpověď, nekompromisně prohlásila, že pokud jí majetek nepomůže k nesmrtelnosti, nemá pro ni žádnou hodnotu. Věděla, že její manžel disponuje duchovní moudrostí a řekla, že má zájem jen o jeho poznání, ať jí tedy sdělí, co ví. Majtreji měla skutečnou *džijnásu* (touhu po poznání). Věděla, jaká je pravá hodnota satgurua a nechtěla si tuto cennou příležitost nechat ujít.

Někteří lidé, kteří za Ammou přichází, měli touhu po poznání, ještě než ji poznali. Uvědomují si, že satguru je zásadní pro každého skutečného duchovního žáka a přichází s přáním získat její vedení. Tito lidé u Ammy nachází – dá se říct – medicínu na vše. Nalézají možnost, jak se zapojit do humanitárních projektů, dostanou meditační techniky, jsou uvedeni do mantry a získají příležitost vytvořit hluboký vztah s žijícím duchovním mistrem, který nikoho nepošle pryč proto, že nemá dostatečné duchovní předpoklady. Nejen to, ve svých proslovech a knihách Amma vysvětluje, kudy ta cesta k nejvyššímu cíli života vede – odstraňujíce tak mnohé duchovní nesrovnalosti a omyly, kterých je v dnešním „informačním věku" více než dost. Uvedení lidé mají po svém prvním setkání s Ammou pocit, že právě vyhráli spirituální jackpot.

Mnoho duchovních žáků je ve spiritualitě nováčky, jiní již kráčejí po cestě desetiletí – sanjásini, buddhističtí a křesťanští mniši aj. Přichází za Ammou s nadějí, že jim požehná, aby získali jasnější vhled. V její přítomnosti – díky silným čistým vibracím, které vytváří – skutečně získají hlubší stupeň porozumění. a protože se tváří v tvář setkají s někým, kdo nepochybně realizoval cíl, jemuž oni zasvětili celý život a mohou s ním chvíli pobýt, vyvolá to v nich obrovskou motivaci. Ta jim pomůže pokračovat v cestě s větším nadšením a energií.

Před mnoha lety přišel za Ammou do ašramu *sanjásin* z jedné velmi známé spirituální organizace. Viděl jsem jej těsně před tím, než za ní vešel do místnosti a měl jsem pocit, že na něm něco působí trochu nafoukaně. Když za několik hodin odcházel, viděl jsem v jeho očích slzy. Zeptal jsem se, jak setkání proběhlo a on odvětil: „Dnes mám pocit, že se má celoživotní duchovní snaha konečně setkala s úspěchem."

Ještě existuje jedna skupina lidí, kteří za Ammou přichází – cynikové. Tito jedinci si myslí: „Á, tady něco nehraje... není možné, aby ta žena byla tak nezištná a soucitná. Půjdu tam a hezky jim to vytmavím." Pokaždé se na daršanu někdo takový objeví. Pokud má zcela uzavřené srdce, chvíli postává kolem, vše pozoruje a pak odejde. Pokud v sobě však má sebemenší možnost, jak se otevřít, Amma ono místo objeví a vloží semínko, které se rychle ujme. Stejná situace se týkala i jednoho z Amminých dlouholetých *brahmačarijů*. Ten studoval na prestižní filmové škole v Púně, během svých studentských let sympatizoval s komunistickou skupinou studentů a jako mladý komunista byl zapřísáhlým protivníkem náboženství, spirituality a zejména všech „žijících svatých". Když ho rodina přiměla, aby se vypravil do ašramu, ihned souhlasil a návštěvu viděl jako příležitost, jak najít materiál ke svému filmu o „falešných svatých". Když však stál a svýma filmovýma očima sledoval Ammu, jejich pohledy se střetly. Ať dělal, co dělal, nemohl nevidět, jak Amma obětuje svůj klid a pohodlí, aby do životů druhých vnesla lásku a světlo. Brzy nato se stal jejím žákem.

I když uvedené skupiny lidí přichází ze zdánlivě rozdílných důvodů, říká Amma, že ve skutečnosti každý – nejen ti, kdo za ní přijdou, ale všechny lidské bytosti – hledají tu samou věc: naplnění, které vychází z vlastní Podstaty. Uvádí, že tato touha je silou, která nás žene v životě dopředu. Je motivací, která stojí za přátelstvím, manželstvím, rozvodem, touhou po dětech, po kariéře, změně zaměstnání či snahou koupit dům, auto, lístek do kina... Všichni se snaží o stejnou věc. Naplnění, které však všichni hledají – jak duchovní žáci, tak materialisté – není konečná věc. Je nekonečné; rozsáhlé, jako celý vesmír. Nikdo nemůže získat nekonečné tím, že si pořídí seznam konečných věcí. I když vynásobíme dvacet trilionů krát dvacet trilionů, dostaneme jen konečné číslo. Dokud budeme hledat štěstí skrze materiální svět, nikdy nedosáhneme vytouženého naplnění.

Jestliže čtete tuto knihu, tak asi máte určitý stupeň džijnásy (touhy po duchovním poznání), jinak byste četli něco jiného. Každý z nás bychom se ale měli zamyslet, jak velký podíl má ten džijnásu (hledající) v nás. Při sebereflexi zjistíme, že se všichni neustále pohybujeme mezi třemi úrovněmi lásky, které jsou uvedeny v této kapitole. Někdy jsme skutečnými duchovními žáky a jindy máme zájem o materiální věci.

Čím více se naladíme na to, co dělá Amma, tím více se naše volba mezi materiálním a duchovním přikloní na stranu spirituality. Ať je naše úroveň oddanosti jakákoli, Amma nás přijme vždy – je to součástí její velikosti. Ví, že ten duchovní hledající v nás ještě zcela nedospěl, dovolí nám tedy sdílet s ní naše obavy či přání – jako árta či arthárta. Tak může vstoupit do všech aspektů našeho života a pomoci nám s duchovním vývojem. Spojí-li se naše úsilí s jejím požehnáním, může ona oddanost posléze dosáhnout stupně, kdy překročí stav džijnásu a dojde svého vrcholu – džnány; moudrosti, kdy pochopíme, že vše, uvnitř i vně, je Bůh.

Kapitola druhá:

Pouto, které zničí veškerá pouta

Vztah mezi satguruem a žákem nemá srovnání – nic
podobného neexistuje. Na žáka má tento vztah trvalý
vliv. V tomto vztahu žák nikdy nemůže dojít úhony.

–Amma

VZTAH, KTERÝ SI ČLOVĚK VYTVOŘÍ k *satguruovi*, osvícenému duchovnímu mistrovi, nemá nikde srovnání. To proto, že se jedná o jediný vztah, ve kterém jedna osoba dává vše a druhá pouze bere. Můžeme říct, že nejblíže mu je vztah matky a dítěte. Nedávno se v Amritapuri udála scénka, která tento princip vysvětluje. Amma dávala daršan velkému davu lidí. De facto celý týden byl takový – daršan končil nad ránem, jen aby se o pár hodin později celý scénář opět opakoval. Jeden Ind, žijící v USA, se odebral za Ammou a zeptal se: „Proč si nevezmeš dovolenou? Mohla bys třeba letět na Hawai a odpočívat na pláži. Vše bychom zaplatili a ty bys mohla být alespoň jeden týden v klidu."

Amma se začala smát a s empatií se muže zeptala: „Máš syna? Kdyby byl nemocný nebo smutný nebo tě potřeboval, mohl bys jen tak odjet někam na pláž? Určitě ne. Zůstal bys s ním, uklidnil ho a pomohl mu, aby se cítil lépe. Tak je to s Ammou. Všichni jsou mé děti a já je nemohu nechat být a jet někam na dovolenou."

Tak *satguru* jako Amma je skutečně *ammou* – „matkou", co se týče své lásky, soucítění a snahy pomoci svým žákům. Je zde však jeden rozdíl – běžná matka má ze svého dítěte a mateřství obrovskou radost, ale *satguru* je úplný a naplněný, ať žáky má či nikoli. Ve vztahu k *satguruovi* lze tedy mít naprostou víru

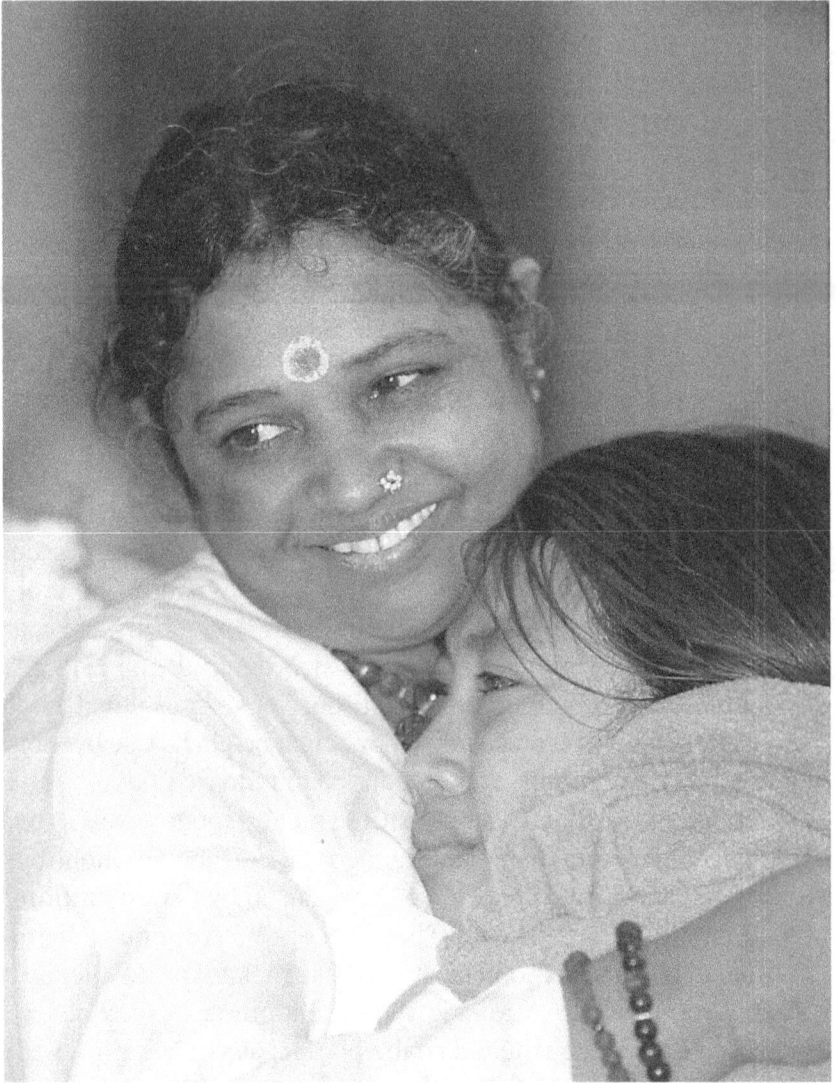

a důvěru, protože guru nejenže žáka nepodmíněně miluje, ale jeho vhled do žákovy minulosti, současného stavu a budoucnosti je natolik jasný, že jej může vést s moudrostí, která je u jiných lidí nedosažitelná. Naše biologická matka nás sice miluje, ale její chápání je omezené a její rady jsou často ovlivněny tím, že je k nám příliš připoutaná.

Podobná omezení můžeme vidět i ve vztahu s terapeuty či psychoterapeuty. Znám jednoho *devotee* (věřícího) z Ameriky, který velice miluje heavy metalovou hudbu. Před několika lety během jedné z letních cest Ammy po USA mi vyprávěl o dokumentu o jedné ze svých oblíbených metalových skupin, který nedávno viděl. V jednom období to vypadalo, že vztahy mezi jednotlivými muzikanty byly tak zlé, že se rozhodli najmout si terapeuta, aby je dal dohromady. Kapela rovněž zažívala problematické období kreativní stagnace. Film dokumentoval terapeutická sezení, která měla potíže vyřešit. Onen muž mi popisoval, že když sledoval film, tak v jednom konkrétním okamžiku mu došlo, jak výrazně se liší psychoterapeutická pomoc od pomoci, kterou poskytuje Amma.

Pointa filmu byla až na konci, kdy kapela řekla terapeutovi, že již více jeho služby nepotřebuje. Devotee mi řekl, že reakce psychoterapeuta – kterému kapela platila 40 tisíc dolarů měsíčně – mluvila za vše. Terapeut se stal na kapele úplně závislým – na měsíčních platbách, reputaci a uznání, které mu práce pro muzikanty dávalo a vůbec na celé záležitosti. Kapela již psychoterapeuta nepotřebovala, ale on nyní potřeboval ji.

Vztah, který si vytvoříme k Ammě, je jiný. Je jedinečným v tom ohledu, že se jedná o pouto, které nás zbaví všech ostatních. Závislost na něm vede k naprosté nezávislosti. Já mohu jednoznačně prohlásit, že více než cokoli jiného, to byl můj vztah k Ammě, který mne udržel na duchovní cestě. Vztah žáka a gurua je pro žáka obrovským zdrojem podpory a síly.

Brzy poté, co jsem se s Ammou setkal, začala mne zajímat jen ona a okamžitě jsem chtěl skončit s prací v bance. Amma mi však řekla, že ještě několik let tam musím pracovat. Dala mi radu, abych se na všechny lidi, kteří za mnou přijdou, díval, jako že je posílá ona. Tímto způsobem se moje práce stala duchovní praxí. Kromě toho mne nežádala, abych prováděl nějaké jiné duchovní cvičení. Večer jsem přicházel do ašramu a trávil tam i víkendy. V oněch dnech to u Ammy nebylo nijak organizované. Kromě bhava daršanů, které se konaly v neděli, úterý a čtvrtek, nebyly žádné „úřední" hodiny, kdy jste ji mohli vidět. Lidé chodili, jak se jim zlíbilo. Já i ostatní chlapci (kteří jsme se posléze stali prvními klášterními mnichy) jsme tam tehdy jen tak „zaháleli". Více než „spiritualita" nás zajímala Amma – její mateřská láska a náklonnost.

A ona ani nevypadala, že by nás do nějaké duchovní praxe chtěla nutit. Všem nám darovala mantru a řekla, jak meditovat, takže každý den jsme to nějakou dobu prováděli. Nic ale nebylo přesně stanoveno, žádná disciplína. Kromě toho jsme prostě dělali to, co Amma. Když seděla v meditaci, snažili jsme se meditovat s ní. Když zpívala bhadžany, což bylo nejméně při každém západu slunce, zpívali jsme také – tak to tehdy vypadalo.

Amma si s malými dětmi z vesnice hrávala různé hry, jako např. na *kabadi* nebo *kottu kallu kali* a my jsme jen seděli a dívali se – smáli se a byli šťastní, že můžeme pozorovat krásu a čistotu její komunikace s dětmi. Občas jsme se asi zeptali na něco duchovního, ale upřímně, většinu z nás to nezajímalo. Povídala nám o různých věcech, co dělala minulý den, co se událo ve vesnici, možná i o osudech devotees, které navštívila. Vztah gurua a žáka to nebyl. Spíše se jednalo o přátelství nebo vztah matky a dětí. S Ammou jsme mluvili velmi „familierně", dokonce jsme se s ní i hádali. Neměli jsme tušení, jak se chovat před duchovním mistrem. Když měla nějakou domácí práci, tak jsme jí pomáhali. Když vařila, vařili jsme s ní. Když za ní přišli devotees, sedli jsme si a poslouchali.

V tu dobu jsme vůbec nevěděli, co se dělo. Dělali jsme prostě to, co nás bavilo. Amma však, jako vždy, jednala z nejvyšší roviny moudrosti a bdělosti. Amma miluje, ale její láska je velice inteligentní. Kdyby začala s disciplínou hned na začátku, většinu z nás by už nikdy neviděla... a tak nás k sobě potají připoutala nezničitelnou hedvábnou stuhou své lásky.

Když vyprávíme své příběhy z tehdejších časů, tak mnoho devotees je div ne v sedmém nebi, když si jen představí, že by s ní takto mohli trávit čas. Je to pravda; byla to neopakovatelná a výjimečná doba. Kdybych tvrdil opak, lhal bych. Není však důvod k lítosti, že to, co se dělo tehdy, je nenávratně pryč. Je pravda, že množství lidí, kteří přichází za Ammou nyní, je neskonale větší, když se ale podíváte, co při svých programech dělá, uvidíte, že dělá přesně to samé, co dříve s námi. Jako jsme tehdy seděli a dívali se, jak si hraje s dětmi, tak nyní devotees sedí a dívají se, jak chová děti, které k ní jdou na daršan, láskyplně je štípe do tváří, nebo nožiček. Jako jsme se bavívali o různých běžných věcech, stejně tak se Amma baví s lidmi, kteří chodí na daršan nebo sedí poblíž – možná mluví o místech, kde má své programy a co se tam právě událo. a během jejích programů – co všichni dělají? Když Amma medituje, tak meditují; když zpívá bhadžany, zpívají. a když se občas pustí do nějakého úklidu – ať v ašramu nebo na konci Devi Bhava – všichni začnou pomáhat – stejně jako my před mnoha lety. Takže pomineme-li počet příchozích, nic se radikálně nezměnilo. a i když s Ammou nemůžeme strávit tolik času, její sankalpa (rozhodnutí) to nějakým způsobem kompenzuje. Pokud se otevřeme, náš vztah k ní získá stejnou kvalitu, jako kdyby s každým z nás trávila více času.

Chceme-li k ní svůj vztah prohloubit, pak je daršan přirozeně ta nejdůležitější věc. Když nás obejme, cítíme, že všechny problémy úplně mizí; dává nám takový mír, že máme nesdělitelný pocit sjednocení s ní. Daršan má ve skutečnosti takový vliv proto, že lidem umožní zažít Boha – ukazuje jim jejich Skutečnou Podstatu. Pro mnohé je to zcela závratná zkušenost, která úplně otočí jejich životní priority. Jako když odstraníte a nově postavíte pilíř, který podpírá celý váš život.

Navenek je to neobvyklá věc – dovolit úplně cizímu člověku, aby vás objal. Nikdo z těch, co prvně přichází na daršan, se ale necítí špatně, trapně a ani se nestydí. Je to, jako by objímali svou mámu – nebo spíše své vlastní já. Mají pocit, že Ammu vlastně znali celý život – to proto, že první daršan je začátek vztahu, který de facto žádný začátek nemá.

Žádný okamžik, po který pozorujeme Ammu, není ztracený čas. Mnoho spirituálních věcí se můžeme naučit jen pouhým sledováním a kontemplací toho, co dělá. Ve skutečnosti se naučíme mnohem více, jde-li někdo příkladem, než z toho, co nám říká slovy. Když otec řekne synovi, aby nekouřil, a sám si zapálí cigaretu, velký efekt to mít nebude. Jeho činy mluví hlasitěji než slova. Podobně, když sledujeme Ammu, jak jedná s lidmi, pak zjistíme, že přirozeně přebíráme některé její vlastnosti – vnější či vnitřní. Jak Amma říká: „Když navštívíte výrobnu parfémů, tak na vás trocha vůně zůstane."

Toto je de facto jedním z principů meditace na konkrétní podobu Boha. Soustředíme-li se na určitou formu Boha, tak automaticky začneme přejímat její kvality. Meditujeme na Boží Matku a naše mysl se přirozeně naplní myšlenkami lásky a soucítění. Meditujeme-li na Hanumana a myslíme na jeho sílu a odvahu, získáme psychickou sílu a odvahu. Meditace na Boha Šivu, personifikaci odpoutanosti a odříkání, nám pomůže zmenšit připoutanost a prohloubit naši spirituální praxi.

Není v tom nic mystického. To samé se děje v běžném životě neustále. Vezměme si příklad někoho, kdo se zamiluje do filmové či popové hvězdy. Začne se podobně oblékat, napodobovat jejich styl chůze i vyjadřování. Vzpomínám si, že jsem jednou v roce 2001 potkal partu kluků, kteří měli bradky a nápadné vousy. Nikdo nevěděl, odkud se to vzalo. Někteří chlapci byli tak mladí, že jim na tváři ještě nic pořádně nerostlo, ale snažili se, jak mohli. Když jsem se zeptal, co to má znamenat, někdo mi řekl, že Bollywood vyprodukoval nový hit s názvem Dil Chahta Hai, jehož hlavní protagonista měl právě uvedený účes a vousy.

Když pouhé jedno či dvě shlédnutí podobného filmu můžou vytvořit tak silnou identifikaci, představte si, jaké transformace lze dosáhnout z každodenní intenzivní meditační praxe. Sledování Ammy, jak dává daršan, jak zpívá, mluví atd. představuje ve skutečnosti druh meditace – meditaci s otevřenýma očima. Tedy stejným způsobem, jak někdo při meditaci se zavřenýma očima přejímá vlastnosti a charakteristiky svého milovaného Boha, tak získáváme kvality, které zosobňuje, pouhou její přítomností nebo sledováním toho, co dělá. Když vidíme, jak Amma soucítí, tak chceme mít stejné soucítění. Vidíme-li její trpělivost a prostotu, tak si rovněž přejeme být trpělivější a žít jednodušším životem.

Amma říká: „Pochopíme, co znamená pravda, dharma, nesobecký přístup a láska proto, že guru tyto vlastnosti žije. Guru je životem těchto vlastností. Posloucháme-li a napodobujeme-li satgurua, kultivujeme tyto kvality v sobě."

Dovolte mi ukázat, jak tato nápodoba funguje. V Amritapuri (pokud nedává daršan) Amma přichází každý den do haly před sedmou večerní, aby vedla zpívání bhadžanů. Když přichází, tak vedle *píthamu* (místo, kde sedává guru) stojí obvykle asi deset dětí, které mezi sebou zápasí o to, kdo bude sedět Ammě nejblíže. Pro ašramity a devotees to může být vcelku zábavná podívaná. V srpnu 2008 přijel do ašramu tříletý indický chlapec žijící v USA, který byl mezi dětmi a soutěžil s nimi o nejlepší místo. Pak, těsně před tím než Amma vešla na podium, si jednoduše stoupl na *pítham*. Samozřejmě celá hala z něj nespustila oči. On provedl *pranám* sepnutýma rukama nad hlavou v *anžali mudře*, jako dělá Amma a pak se posadil se zkříženýma nohama, jako ona. Pak se natáhl pro jednu bubnovací paličku a začal tlouci do rytmu na její stojan od mikrofonu, přesně tak, jak to občas během bhadžanů dělává. Když to Amma uviděla, dala se do smíchu. Někdo chlapce odnesl, ale ona jej zavolala, aby si k ní sedl a přistrčila mu mikrofon. Chlapec se ihned nechal slyšet, „*Prema-svarupikalum Átma-svarupikalum ellavarkkum namaskaram* – klaním se před

31

všemi, jejichž podstatou je Boží láska a átmán", což jsou slova, kterými Amma pokaždé uvádí své přednášky. Chlapec poté začal zpívat svůj výběr bhadžanů, nejprve k bohu Ganešovi, stejně jako Amma. Bylo to roztomilé. Jako většina tříletých dětí neuměl ještě pořádně vyslovovat, ale ten pocit – úplná Amma. Všichni devotee a ašramiti mu tleskali do rytmu. Můžete řící, že je to jen dítě a že to nemá význam, ale jedná se o dokonalý příklad, jak si osvojit chování, jednání a vlastnosti, které satguru ukazuje. Ty se stanou našimi zvyklostmi a zvyklosti naším charakterem. Když více dospějeme, začneme přejímat tyto vlastnosti na hlubších úrovních – lásku, soucítění a nesobecké jednání, které představují hybnou sílu za vším, co Amma říká a dělá.

Přestože tedy fáze našeho vztahu, kdy jen sedíme a díváme se na Ammu, vypadá na první pohled jako něco skoro nepodstatného, jedná se ve skutečnosti o klíčový prvek ve vytvoření našeho pouta k ní. Pouze když náš vztah ke guruovi je hluboký a pevný, budeme mít víru a důvěru, které jsou nezbytné proto, abychom následovali učitelovy rady, instrukce a učení.

Čteme-li epos Mahábhárátu, vidíme, že Ardžuna se stává Krišnovým žákem až v polovině knihy. Před tím, stejně jako u Ammy, je to spíše vztah mezi přáteli. Ve čtvrté kapitole Bhagavad-gíty, Krišna oslovuje Ardžunu nejen jako oddaného, ale i jako *sakhe* – přítele. Důvěra, otevřenost a upřímná blízkost skutečného přátelství je základem funkčního vztahu gurua a žáka.

V písmech se připoutanost neustále popisuje jako velká překážka duchovního pokroku. Amma sama často mluví o důležitosti překonat vše, co hodnotíme jako příjemné a nepříjemné, tj. veškerou závislost. Když si tedy uvědomíme svou připoutanost k Ammě, můžeme být trochu zmatení. V souvislosti s těmito řádky si vzpomínám na událost, která se stala v polovině osmdesátých let. Tehdy Amma skoro pokaždé přicházela na naši ranní meditaci. Když meditace skončila, odpovídala na všechny otázky. Jednoho rána měl jeden z brahmačarijů – Swámí

Amritageetananda – stejné pochyby. Ve skutečnosti to Ammě neřekl, ale během meditace se mu to neustále honilo hlavou. Říkal si, „přišel jsem sem, abych se zbavil všech připoutaností, a teď jsem se natolik připoutal k Ammě... není to zase další druh připoutanosti? Nepřeskočil jsem od jednoho druhu máji (iluze) k jinému?"

Amma se na něj náhle zpříma podívala a řekla, „připoutanost ke guruovi a ašramu není připoutaností a májou. Veškeré jiné připoutanosti jsou iluzemi. K odstranění trnu použijeme jiný trn. Tak připoutanost ke guruovi vede člověka k osvobození."

Podobně, před několika lety stál vedle Ammy při daršanu nový brahmačari. Najednou se na něj Amma mile usmála. Zavolala jej k sobě a zeptala se, na co myslí. „Tak moc jsem se připoutal k Ammě, že mám obavu, že na konci mě to bude bolet", odpověděl. „Tato připoutanost je připoutanost, která odstraní všechny jiné připoutanosti. I když by ti přinesla bolest, tak ta bolest tě očistí. Stane se cestou k Bohu", zněla její odpověď.

Amma je nejdostupnější bytostí na světě. Abyste ji viděli, tak stačí jen přijít a stoupnout si do fronty. Žádné překážky tu nejsou. Neustále natahuje ruce, aby nás pozvedla, ale na nás záleží, zda její ruku přijmeme. Jakmile to uděláme, bude nás pevně držet, dokud nezvládneme chodit sami. Tím nelze říci, že vztah k ní je jen pro začátečníky. Vztah bude během našeho života postupně zrát a prohlubovat se. Jak budeme růst, budeme se čím dál více blížit tomu, kým ve skutečnosti jsme – základnímu aspektu naší existence. Konečné dosažení je de facto poznáním, že guru a žák byli vždy jedním – nejvyšší Jednotou. Na začátku je však nejdůležitější vnější vztah. Právě toto pouto a cenné vzpomínky na čas strávený s Ammou, nám pomáhají v těžkých životních okamžicích, které se nevyhýbají nikomu z nás. Posléze, až budeme připraveni, se náš vztah s Ammou změní. Začne disciplína. U nás, první skupiny brahmačarijů, nastala tato změna po dvou až třech letech. Jednoho dne se naše amma (máma) stala guruem.

Kapitola třetí:

Význam duchovního učitele

Světlo guruovy milosti nám pomůže uvidět
na cestě překážky a zbavit se jich.

–Amma

AMMA ŘÍKÁ, ŽE GURU se objeví jen tehdy, objeví-li se žák. Znamená to, že dokud nebudeme připraveni, tak nám její *„guru bhava"* (role učitele) zůstane skrytá. a opačně, jakmile budeme zralí, Guru se objeví. Stejnou věc nalézáme v Mahábhárátě. V celé první části eposu se Krišna k Ardžunovi nikdy nechová jako guru. To proto, že Ardžuna žák, se musí teprve narodit. Když však Ardžuna přizná svou neschopnost vyřešit své problémy sám a na mokré zemi padne ke Krišnovým nohám s prosbou o radu a vedení, tak Krišna učitel se ihned objeví a říká: „Trápíš se pro ty, pro které se trápit není třeba", atd. Teprve v tomto okamžiku začíná vlastní učení Bhagavad-gíty.

Mluvíme zde o tom, že Amma je v „guru bhava", ale jakákoli její tvář, je *bhava* (konkrétní nálada, role). Na rozdíl od nás se však Amma s těmito různými „převleky" ve svém životě neztotožňuje. My třeba tvrdíme, že jsme „učitelem", nebo „studentem", „byznysmenem" nebo „lékařem" či „umělcem" atd., ale ona se identifikuje jen a pouze se Skutečnou Podstatou – s blaženým vědomím, které slouží jako podklad myšlenkám a celému materiálnímu vesmíru. Proto Amma jako taková guruem není. Ve skutečnosti není ani „matkou", ani „humanitární představitelkou" nebo čímkoli podobným. Ví, že ve svém nitru je pouze věčným, blaženým vědomím. Díky svému soucítění však bere na sebe roli matky, humanitární představitelky, přítele, Boha či učitele, kdykoli to někdo potřebuje. Chudý trpící člověk se obrací na humanitárního aktivistu. Ten, kdo hledá upřímné přátelství, evokuje přítele. Věřící volá po Bohu a žák hledá duchovního mistra. Pouze když pochopíme výše uvedené, spatříme celý význam zdánlivě banální věty, kterou Amma prohlašuje: „Nazývají mne „matkou", a proto je oslovuji „dětmi". Nic víc Amma neví." Všechna tato „škatulkování" jsou však založena na nevědomosti. Na vrcholu duchovního poznání, v němž přebývá, existuje jen jednota – žák a guru, devotee a Bůh, dítě a matka … jsou všichni od počátku jedním. Proto zde máme tvrzení „Aby zde byl učitel, musí nejprve vzniknout žák."

Před několika lety dávala Amma rozhovor pro jeden americký dokument. Film dokumentoval pohled asi osmi představitelů největších světových náboženství. Amma byla jediným představitelem hinduizmu. Na konci dvouhodinového rozhovoru režiséři požádali Ammu, aby se představila. Vysvětlili, že potřebují, aby se podívala do kamery a řekla něco jako „jmenuji se Šrí Máta Amritánandamají Devi; jsem duchovní představitelkou hinduizmu a humanitárním pracovníkem z Indie, Kéraly". Když to vyslovili, ostatní swámí i já jsme byli zvědaví, co Amma udělá, protože tohle není její způsob.

V uplynulých 30 letech jsem nikdy neslyšel, že by něco podobného prohlásila. Všichni jsme tedy čekali, co se bude dít. Amma se usmála a odmítla. Měli jsme za to, že tím celá věc skončila, ale režiséři byli neoblomní. Říkali něco ve stylu „Dejte si říci, všichni ostatní duchovní představitelé to udělali." Ona však nehodlala ustoupit. Existuje-li na Ammě jedna věc, kterou nikdy nemění, pak je to její přirozenost. Nikdy například nebude pózovat fotografům. a uvedená věta pro ni jednoduše nebyla přirozená. Nicméně má však vysoce vyvinuté soucítění a nechtěla režiséra zranit. Mysleli jsme, že celá věc je skončena, když najednou prohlásila: „Tuto viditelnou formu lidé nazývají „Amma" nebo „Máta

Amritánandamají Devi", ale Podstata existující uvnitř nemá ani jméno ani adresu. Je vše prostupující." Z tohoto prohlášení vidíme, že guru bhava je něčím, co Amma zaujme pouze tehdy, když to žák evokuje – jedná se o reakci na potřebu. Když potřeba uzraje, mistr se objeví. Skutečná Podstata Ammy nemá ani jméno ani adresu. Je za vším.

EXISTUJÍ DVA HLAVNÍ ASPEKTY, které Amma v guru bhava ztělesňuje: poznání a disciplínu. V souvislosti se získáním poznání si někteří mohou myslet, že učitele nepotřebují. Věří, že stačí, když budou následovat písma. Písma ale sama opakovaně tvrdí, že chceme-li dosáhnout nejvyššího poznání, pak je role učitele zásadní. Adi Šankaračárja[6] píše ve svém komentáři k Mundaka upanišádě, že i když je někdo vzdělán v sánskrtu, systematické logice a jiných podobných *šástrách* (vědách), nemá hledat Nejvyšší poznání bez učitele.

Proč je guru tak důležitý? Amma říká, „lidé, kteří se vydají na cestu jen s mapou, můžou ztratit směr a chodit stále dokola. Mapa neřekne, kde jsou dálniční lupiči nebo divoká zvířata. Cestovat v klidu můžeme jen tehdy, pokud s sebou máme zkušeného průvodce. Je-li tu někdo, kdo cestu zná, tak cestování bude snadné."

Ve všech oblastech života – ať se jedná o vědu, umění či obchod je potřeba mít učitele. Spiritualita není jiná. Ve skutečnosti je spiritualita nejsubtilnější oblastí poznání, protože zde de facto studujeme svou vlastní Podstatu. V biologii se ke studiu mikrobů používají mikroskopy. V chemii chemikálie. U spirituality používáme naše primární poznávací mechanizmy – smysly a intelekt. Poznávaný předmět je natolik subtilní, že učitele je zde třeba více než u jiných oborů. „Učitele potřebujeme i k tomu, abychom si zvládli zavázat tkaničky…", často konstatuje Amma. Satguru nám nejen vysvětluje duchovní cestu a zbavuje nás pochybností, s nimiž se tu setkáváme, ale díky pronikavému vhledu do našeho

---

[6] Komentáře a texty Adi Šankaračárji (cca 800 př. K.) jsou základem filozofické školy Advaita Védanty.

charakteru nám pomáhá překonat překážky, které se na cestě objeví.

Amma ve skutečnosti neustále poskytuje poznání – hlubší vhled týkající se dharmy, karma jógy, meditace nebo Nejvyšší Skutečnosti. Z jejích úst neúnavně proudí moudrost a je neustále ochotna vést ostatní k inteligentnějšímu a harmoničtějšímu způsobu života a myšlení. S rezidenty a návštěvníky pořádá v Amritapuri třikrát týdně veřejná setkání, kde jí kdokoli může položit otázku; stejná setkání má na svých soustředěních v jiných zemích. Abychom u ní evokovali aspekt guru bhava, tak stačí, když budeme mít zájem.[7] Vidíme tedy, že když říká, že „guru se v Ammě objeví jen tehdy, pokud uzraje žák", tak v prvé řadě mluví o učiteli jako o vychovateli.

Konečný cíl spirituality je, teoreticky řečeno, velmi snadný: dokonalé osvojení si poznání, že naší podstatou není tělo, smysly nebo intelekt, ale vše prostupující, věčné, blažené vědomí. Když se ráno vzbudíme, tak se nemusíme dívat do zrcadla, abychom poznali, kdo jsme. Nepochybujeme: „Kdo jsem? Jsem muž? Jsem Žena? Osel? Ind, Američan, Japonec?" Prostě to *víme*. Asimilace duchovního poznání musí mít stejnou úroveň. Celé je to poněkud zvláštní: *pomocí* mysli musíme dojít k pochopení, že myslí *nejsme*. Mysl je zdrojem omylu a ve stejném okamžiku, prostředkem k osvobození. Jak píše Šankaračárja:

vāyunā'nīyate meghaḥ punastenaiva nīyate |
manasā kalpyate bandho mokṣastenaiva kalpyate ||

Oblaka jsou přinesena větrem a opět rozptýlena stejným činitelem. Podobně jako je mysl příčinou zotročení, osvobození je rovněž způsobeno stejným principem.

Vivékačudamani, 172

---

[7] Čím ušlechtilejší zájem, tím hlubší bude odpověď.

Intelektuální pochopení konceptu vlastní Podstaty není de facto nijak obtížné. Celý život si však myslíme, že je to zcela opačně – plně se ztotožňujeme s tělem, pocity, intelektem a své štěstí spojujeme výhradně s naplněním našich přání. Zvyk takto přemýšlet je natolik pevný, že jej nelze snadno změnit. Uvedený princip Amma ráda vysvětluje na příkladu muže, který léta nosí svou peněženku v zadní kapse kalhot a jednoho dne se rozhodne, že ji přendá do náprsní kapsy. Zeptáte-li se ho, kde má peníze a muž je v klidu a má čas se zamyslet, pak vám možná řekne, „Ano, teď nosím peněženku v náprsní kapse". Když ale pospíchá, aby rychle zaplatil kávu, sáhne do kapsy u kalhot. To, co představuje jeho teoretickou znalost a to, jak se v dané situaci zachová, jsou dva opačné způsoby.

Jednou žil jeden bezdomovec, který neměl práci ani střechu nad hlavou. Přežíval tak, že jedl vše, co našel; mnohdy neměl jinou možnost, než se prohrabávat haldou odpadků v koších a popelnicích. Jednoho dne ho našel jeden humanitární aktivista, který vyhledával jedince bez domova, aby jim poskytl pomoc. Bezdomovec tak získal možnost stravování a lůžko na ubytovně; zároveň mu bylo uděleno vzdělávací stipendium. Jeho radost neznala mezí a soucitnému dobrodinci upřímně děkoval. Poté začal studovat a celý jeho život se obrátil. Během deseti let získal MBA a stal se majitelem firmy, která byla uveřejněna v časopise Fortune 2000. Jednoho dne se vezl na zadním sedadle své limuzíny a s lahodným kubánským doutníkem v ústech pozoroval zpoza kouřových skel svého vozu ruch velkoměsta, když náhle začal křičet na svého řidiče: „Zastavte! Stát! Pro Boha, zastavte to auto! Co děláš? Jsi blázen?"

Řidič sešlápl brzdu: „Ano? Co se děje, pane?"

Bezdomovec, jenž se stal obchodním magnátem, zvolal, „Co že se děje? Vy to nevidíte? Ten člověk na rohu právě vyhodil úplně nenačatý kus pizzy…"

Byznysmen měl nyní dostatek prostředků, aby si mohl koupit sto pizzerií, ale tento fakt nijak významně neovlivnil jeho podvědomí. Když viděl, jak se pizza ocitla v popelnici, zapomněl na svůj současný status a do popředí se dostaly jeho dřívější mechanizmy myšlení.

Kdokoli si tedy může zapsat přednášku „Filozofické směry východních náboženství 101" a odejít se základním pochopením toho, o čem je filozofie Védanty. Tak ale osvícení nezíská. Důvodem je jeho mysl, která nebyla patřičně očištěna, aby si mohla osvojit správné poznání. Většina z nás má myšlení, kterému chybí rozlišující schopnost, subtilita, bdělost, trpělivost a koncentrace. Mysl je rovněž plná egoistických názorů a neustále se zmítá mezi tím, co má a nemá ráda. Pokud si chceme dokonale osvojit duchovní poznání, tak veškeré nečistoty musí pryč. V mnoha ohledech se obtížněji získává mentální čistota než poznání. Dokonce se říká, že jakmile je mysl dokonale čistá, tak osvobození je jen otázkou času. V tomto bodě přichází ke slovu guru v roli vychovatele – pomáhá žákovi získat čistou mysl.

„Dokud jste se nestali dokonalým pánem své mysli, musíte fungovat podle určitých pravidel a omezení, které vám ukládají instrukce učitele," říká Amma. „Jakmile jste svou mysl ovládli, nemusíte se bát ničeho."

Čtyři předpoklady

Písma specifikují několik oblastí, ve kterých máme trénovat a kultivovat mysl. Duchovní poznání lze získat jen za předpokladu, že tento proces absolvujeme. V sánskrtu se tyto oblasti obecně popisují jako *sahana čatuštja sampati* – čtvero předpokladů[8]. Mezi ně patří: *vivéka, vajrágja, mumukšutvam* a *samádi satka sampatti* – rozlišování, odpoutanost, touha po osvobození a šestistupňová disciplína začínající kontrolou mysli.

---

[8] Popisují se jako „předpoklady", protože osvícení nastane pouze v mysli, ve které se tyto vlastnosti správně rozvinou. Máme-li s některou vlastností problémy, znamená to, že musíme vyvinout větší úsilí, abychom ji zdárně rozvinuly; neznamená to, že nemáme předpoklad k duchovnímu životu.

V mnoha ohledech má satguru jako je Amma roli jakéhosi kouče – učí nás nejen pravidla v životě, ale zjišťuje, zda je zvládneme i uplatnit. Jako každý dobrý kouč i ona zná silné a slabé stránky všech svých hráčů a dobře ví, jak pomoci, abychom se svých slabostí mohli zbavit – to za každou cenu. Osobním poradenstvím, vytvářením obtížných situací, opravováním chyb a umožněním vlastního vhledu do konkrétního problému nám pomáhá posílit a transformovat mysl tak, aby byla schopna přijmout nejvyšší pravdu. Je-li mysl žáka dokonale čistá, říká se, že realizace Pravdy nastane v ten okamžik, kdy mu je Pravda poprvé vysvětlena – tzn. „okamžité osvícení".

Vivéka, vajrágja a mumukšutvam

První stupeň mentální kultivace přestavuje *vivéka*. Ve svém absolutním smyslu znamená vivéka schopnost rozlišit mezi tím, co je *átmá* a *anátmá* – mezi átmánem a vším ostatním. Díváme-li se dovnitř nebo na vnější svět, musíme se naučit odlišit skutečnost od ne-skutečnosti – tj. oddělit zrno od plev. Díky této neustálé dichotomii se duchovní cesta může pochlubit přívlastkem, že je to s ní „na ostří nože".[9] Rozlišování lze však uplatnit i na relativnější úrovni. Život je de facto neustálé rozhodování. V každém okamžiku, v každém jednání, s každým nádechem máme na výběr jednat, mluvit a myslet buď tak, že nás to našemu cíli přiblíží nebo vzdálí. Vivéka je tedy jednání v souladu s pevným přesvědčením, že cíl lidského života – trvalé štěstí – nikdy nelze získat z věcí, které trvalé nejsou; musí pocházet z něčeho, co trvá stále.

Jakmile jednou poznáme rozdíl mezi tím, co nám přináší pomíjivé a co trvalé štěstí, pak se budeme přirozeně vzdalovat od pomíjivého a následovat věčné. Impuls, který nás oddaluje od pomíjivého, se nazývá *vajrágja* a impuls, díky kterému jsme přitahováni k permanentnímu štěstí, se říká *mumukšutvam*.

---

[9] Katha upanišáda, 1.3.14

41

V tomto ohledu, jak vajrágja, tak vivéka i mumukšutvam jsou na sobě přímo závislé. *Mumukšutvam* (touha po osvobození) je ve skutečnosti vrozená. Každý touží po transcendenci. Nikdo nechce, aby jeho štěstí mělo jakékoli omezení. Kdykoli jsme frustrováni svým omezením, jedná se o odraz vnitřního mumukšutvam. Většina lidí však nechápe, že pocitů omezení se nelze zbavit, pokud se neustále obracíme na omezené věci – tj. smyslové požitky, vztahy, získávání atd. Těch málo jedinců, kteří tuto skutečnost pochopí, však téměř nikdy nepozná, že ještě existuje něco neomezeného – naše Podstata – o co bychom se měli snažit. Tím pádem pokračujeme ve snaze získat co nejvíce štěstí z každého omezeného objektu, který můžeme mít. Pouze když díky milosti uslyšíme o možnosti tento stav překročit – poznáním naší Podstaty, získá naše vnitřní mumukšutvam sílu, aby nám byla nápomocna. Často si až v tomto okamžiku uvědomíme, nakolik – a pokud vůbec – je naše mumukšutvam života schopná. Snaha o kultivaci rozlišování (vivéka) a odpoutanosti (vajrágja) nastane jen za předpokladu, že mumukšutvam je dostatečně silná. V opačném případě budeme pokračovat ve snaze dosáhnout štěstí v omezeném materiálním světě.

Obecně platí, že tyto tři kvality zesílí při provádění karma jógy. Karma jóga není určitá činnost, ale postoj, který lze aplikovat na veškeré jednání. V podstatě se jedná o postoj, kdy provádíme věci, jak nejlépe umíme za naprostého přijetí všech možných výsledků našeho snažení (karma jóga bude podrobně popsána v kapitole páté). Teorie je v uvedeném případě mnohem jednodušší než praxe, zejména pokud naší hlavní motivací jsou materiální výsledky – tj. peníze, dobrá pověst atd. Implementovat tento postoj je proto mnohem jednodušší za předpokladu, že důvodem naší činnosti není nějaké naše přání, ale že nám náš guru prostě řekl, že máme něco udělat. To je důvod, proč Amma, obvykle za nějakou dobu, navrhne, abychom se chopili nějaké práce – můžeme uklízet v kuchyni, starat se o krávy, uklízet veřejná prostranství nebo parky, pomáhat s tvorbou časopisu naší místní satsangové skupiny či dokonce pracovat pro univerzitu či nemocnici, kterou založila. Někdy můžeme pomáhat i jí osobně. Uvedenými činnostmi se postupně učíme pracovat v duchu karma jógy. Může se jednat o práci na 60 hodin týdně nebo jen na hodinu či dvě o víkendu. Ať již děláme cokoli, postupem času získáme schopnost rozšířit tento postoj na všechny oblasti života – ať jde o placenou pozici pro nadnárodní korporaci nebo domácí žehlení.

Guru séva – nesobecká činnost podle instrukcí učitele – není druhem otroctví. Není ani prací, kterou bychom se chtěli Ammě odvděčit za to, že nás má ráda a učí nás. Guru žije ve sjednocení s Boží skutečností, která proniká vše stvořené. Jako takový od nás nepotřebuje, abychom na jeho programech drhli hrnce nebo krájeli zeleninu. Ani nepotřebuje, abychom se účastnili charitativních projektů ašramu. Amma de facto nepotřebuje, ani abychom někomu pomáhali. Je úplná; ať již s těmito věcmi nebo bez nich. Nabízí nám tyto možnosti, protože ví, jaké nekonečné dobro nám přináší – jsou-li prováděny pečlivě, upřímně a s láskou. Ví, jak moc dokáže uvedená činnost zbavit naši mysl všeho, co máme či nemáme rádi; tj. vyvolat lhostejnost k pomíjivým smyslovým požitkům a vzbudit v nás touhu po trvalé blaženosti naší Podstaty – tedy získat zásadní předpoklady, pro dosažení skutečné svobody.

Dalším způsobem, jak Amma pomáhá kultivovat mumukšutvam a vajrágju, je daršan. V jejím milém objetí se naše mysl najednou zklidní a umožní, aby zazářil mír a blaženost naší Podstaty. Pro mnoho lidí se jedná o zkušenost, která jim doslova otevře oči – o probuzení. Jak je uvedeno výše, daršan transformuje naše myšlení a mění hodnotový systém. Pomáhá zakusit hluboký klid, který není důsledkem získání nějakého smyslového objektu – klid pocházející z našeho nitra. Pro člověka, kterého zajímá duchovní život, se vzpomínka na tuto zkušenost stává onou sladkou odměnou, která jej žene neustále vpřed. Jak trefně poznamenal jeden sanjásin při návštěvě ašramu: „Daršan je zkušenost, po které člověk nechce zažívat nic jiného než ji."

O daršanu se kdysi zmínila jedna žena následovně. Když byla malá, rodiče nechtěli, aby jedla čokoládu. Namísto toho jí dávali karob s tím, že je to čokoláda. Celé roky, kdykoli jedla karob, si myslela, že jí čokoládu. Samozřejmě jí jednou někdo dal pravou čokoládu a od té doby se již nikdy nespokojila s karobem. Podobně je tomu s daršanem. Když lidé dostanou daršan, je to jako když se po letech, kdy jsou odkázáni jen na odpadní vodu, najednou napijí křišťálově čisté pramenité vody, uvádí Amma. Do jisté míry nám tedy pomáhá kultivovat naši mysl a perspektivu ihned od začátku.

Zbývající oblasti, které vyžadují zdokonalení mysli, se souhrnně nazývají jako samádi satka sampati – šestistupňová disciplína, začínající s mentální kontrolou[10]. Mezi ně patří *šama, dama, uparama, titikša, šradha* a *samádhana*.

Dama

Začneme s damou – ovládnutím smyslů. V počátečních stádiích duchovního života je naše mysl slabá a snadno zranitelná právě ze strany mnohých smyslových objektů. Snažíme se žít podle skutečnosti, že my sami jsme zdrojem vší blaženosti. Ovšem po tolika životech, kdy jsme hledali a byť pomíjivě zakoušeli blaženost výhradně z materiálních věcí, to není snadné. Dama tedy doslova znamená vyhnutí se kontaktu s těmi smyslovými objekty, které naši mysl ruší. V Bhagavad-gítě nalezneme příklad s želvou:

yadā saṁharate cāyaṁ kūrmo'ṅgānīva sarvaśaḥ |
indriyāṇīndriyārthebhyaḥ tasya prajña pratiṣṭhitā ||

---

[10] Při *árati* se schopnost Ammy pomáhat svým dětem v rozvoji těchto vlastností popisuje jménem sama-dama dayini - ta, která umožňuje ovládání mysli a smyslů

*Když, jako želva vtáhne své končetiny, odtáhne své
smysly od smyslových předmětů, jeho moudrost
se zdokonalí.*

Bhagavad-gíta, 2.58

Kdykoli se chystá nebezpečí, želva okamžitě vtáhne hlavu a nohy.
Takto chráněna od okolního světa je v bezpečí, dokud zdroj
potenciálního nebezpečí nepomine. Stejně tak se musí duchovní
žák vyvarovat toho, aby jeho pět smyslů – oči, uši, nos, dotek
a chuť nepřicházelo do styku s potenciálně nebezpečnými objekty
smyslovosti.

Například, držíme-li dietu a cesta z práce domů vede dvěma
směry – a první z nich kolem Neapolské pizzerie a prodejny
belgických pralinek, tak dama znamená, že si vybereme cestu
druhou. Zajímá-li nás spiritualita, jedeme autobusem a lidé kolem
nás se baví o světských záležitostech, můžeme si dát sluchátka
a poslouchat buď bhadžany nebo duchovní přednášky. V nej-
horším případě, když se vyskytne něco, o čem víme, že je lépe
nevidět, tak prostě zavřeme oči. Všem uvedeným činnostem
říkáme ovládání smyslů.

V souvislosti s těmito slovy jsem slyšel hezký vtip o člověku,
jak dodržuje aspekt damy. Zákazník v pekárně si velmi podrob-
ně prohlíží na stříbrných tácech a pod sklem vystavené lahodně
vypadající zákusky. Na dotaz prodavačky „Co byste si přál?"
odpoví: „Nejradši bych tento větrník plněný šlehačkou a politý
čokoládou, dále koblih s marmeládou a tento Dánský cheescake."
A s povzdechem dodá: „Ale vezmu si ovesný cereální muffin."

Obyvatelé ašramu v Amritapuri musí dodržovat mnoho
pravidel. Všechna pravidla slouží k tomu, aby se naučili ovládat
své smysly. To, co se nedotkne smyslů, nemůže snadno ovlivnit
mysl. Amma vše stanovila právě z tohoto důvodu. Lidé přišli do
ašramu s určitým cílem a ona jim jej pomáhá získat.

Psychologové často kritizují mnišské observance slovy, že
se jedná o druh potlačení a že potlačení může způsobit zdravotní

či psychické potíže. Zčásti mají pravdu. Potlačení může v tyto problémy vyústit. Dama jedince, kterého zajímá spiritualita, však není druhem potlačení. Jedná se o princip sublimace. Ta je založena na poznání, že impulz, který jej pobízí ke smyslovému jednání, představuje překážku na cestě k nejvyššímu cíli. V tomto ohledu dává Amma příklad studenta, který omezí setkávání s kamarády, aby se mohl učit na zkoušku nebo diabetika, jenž odmítá cukr. Odmítnutí vzniká z jeho poznání – z rozlišující schopnosti mysli. Jeho mysl a jeho tělo jsou tedy v harmonii a žádné zhroucení nehrozí. Pokud si dítě myslí, že ho plyšový medvídek ochrání před strašidlem, které bydlí ve skříni, a my mu medvídka vezmeme, pak může velmi snadno dojít k negativnímu dopadu na psychiku dítěte. Když však dítě vyroste a samo od sebe medvídka odhodí, je jasné, že se mu nic nestane. Správná dama je založena na moudrosti – na poznání, že smyslové objekty jsou v podstatě bezcenné – nikoli na představě, že jsou „něčím špatným" v morálním smyslu.

Jeden mnich, který žil dvacet let v klášterní cele, aby se zde podroboval přísnému pokání, jednoho dne vážně onemocněl. Navštívilo ho množství lékařů, ale nikdo nedokázal stanovit diagnózu. Nakonec přišel psychiatr. Ten po krátkém hovoru mnichovi oznámil, že jeho problémem je potlačení. „Dvacet let odmítáte svět a bráníte se všem světským radostem," pravil psychiatr. „Musíte trochu zvolnit a začít žít. Navrhuji, abyste vyšel ven z cely a udělal si hezkou projížďku po okolí."

„To v žádném případě nejde!" reagoval mnich. „Od všech těchto věcí jsem se dávno odpoutal. Složil jsem sliby! Můj život je život v *odříkání* – né nějaké radostné vyjížďky!"

Psychiatr se ale nenechal vyvézt z míry a mnichovi naznačil, že buď se trochu uvolní anebo zemře. Mnich zavřel oči a pohroužil se do sebe. Za pár vteřin však oči otevřel. „Dobře," souhlasil. „Ale sežeňte mi poslední model Mercedesu vybavený koženým polstrováním sedadel a bezdotykovými reproduktory."

Ovládání smyslů musí vycházet z pochopení. Pokud své smysly a přání pouze potlačíme, pak zesílí a ovládnou nás.

Šama

Dalším druhem disciplíny je šama – ovládnutí mysli. Uzavřít se všem potenciálně nebezpečným smyslovým objektům je přirozeně nemožné. Ať se nám to líbí nebo ne, některé do naší mysli vstoupí a zanechají otisk, který se bude čas od času do vědomé části naší mysli promítat. a i když se nám nějakým způsobem podaří omezit „duchovně méně přátelské" vjemy, naše mysl si velice dobře umí vytvořit negativitu sama. Všem se nám již asi podařilo, že jsme se dostali do víru negativních myšlenek. Najednou vidíme, že negativně smýšlíme o svém příteli, kolegyni či rodinném příslušníkovi – třeba, že nám příliš vadí některý z jeho osobnostních rysů. V tu chvíli přichází ke slovu šama. Těmto impulzivním myšlenkám sice nejde předejít, můžeme je však zničit v jejich zárodku. Jedna z technik, kterou šama poskytuje, funguje na principu nahrazení negativní myšlenky myšlenkami pozitivními. Jedná se buď o opakování mantry, vzpomínku na setkání s Ammou nebo vědomé myšlení na dobrou vlastnost, kterou onen člověk disponuje.

Další metodou, kterou Amma doporučuje, je intelektuální vytlačení negativního myšlení pomocí otázek typu „Má pro mne v životě tato myšlenka nějaký význam? Pomůže společnosti? Pomůže mi uvedené myšlení dosáhnout toho, co chci? Když vidím na druhých jen to špatné, jak mohu zažít jednotu se vším stvořeným?" Potenciálně nebezpečnou myšlenku lze zlikvidovat i tímto způsobem.

Nastává otázka, jak nám zde může Amma a její guru bhava pomoci. Co se týče principu dama, tam to možné je. Amma může stanovit omezení, ale jak zasáhnout do intimního prostředí naší hlavy? I to je možné. Když dojde na sévu, která se v ašramu provádí, Amma umí být značně nekompromisní. Jakmile zjistí, že práce je odvedena ledabyle, stoprocentně z toho pro zúčastněnou stranu vyvodí důsledky. Následná kritika vstoupí do mysli zúčastněného, který si příště dá mnohem větší pozor. Amma pak – raději než by někoho kritizovala – většinou potrestá sama sebe; obvykle tím, že nejí. Pokud ji tedy máme alespoň trochu rádi, bude nám to dost líto a ovlivní nás to mnohem víc, než kdybychom byli vystaveni jakékoli kritice my sami.

Když jsem ještě pracoval v bance, tak jsem si občas zapálil. Jedním z důvodů bylo ve skutečnosti to, že jsem se potřeboval na práci soustředit – po probdělé noci, když Amma dávala Krišna či Devi bhava daršan. Bohužel to vypadalo, že začínám mít na cigarety návyk. Jeden večer, v krátké přestávce mezi dvěma bhava daršany – jsem šel do malého obchůdku v sousedství pro šálek čaje, který Amma měla ve zvyku pít. Musel jsem počkat, než svaří mléko, a tak mne napadlo, že bych si mohl krátce zapálit – což jsem také udělal. Jakmile byl čaj hotov, uhasil jsem cigaretu, umyl si ruce, vypláchl ústa a s čajem se vydal za Ammou. Nestačil jsem jí ho ani podat a už mi řekla: „Tys měl cigaretu, že?" Přiznal jsem, že měl. Amma na mě pohlédla s odporem a prohlásila: „Tak ten čaj já nechci." Cítil jsem se velmi špatně, protože malý šálek čaje bylo jediné „jídlo", které Amma za celou noc přijala a nyní, kvůli mému kouření, nebude mít ani to.

Příští den v práci jsem zase dostal chuť na cigaretu. Ihned se mi však vybavila vzpomínka na Ammu a její výraz, který říkal „tak to já nechci" a že celou noc nic nejedla. Rozhodl jsem se, že kouřit nebudu. a nestalo se to jen jednou. Kdykoli jsem příště dostal chuť si zapálit, myslel jsem na Ammu, že nejedla a velmi brzy jsem s kouřením přestal úplně.

Když tedy Amma zaujme guru bhava a kritizuje nás či se potrestá sama, naši mysl to hluboce ovlivní. Přání, abychom se s ní v budoucnu podobné zkušenosti vyvarovali, v nás vyvolá zvýšenou bdělost a extrémní pozornost ke všem detailům té konkrétní záležitosti. Naše činnost se tak stane meditací. I když se naše pozornost zvýšila v důsledku extrémní bdělosti k určitým vnějším detailům, můžeme ji použít i na záležitosti vnitřní. Vnitřní pozornost v uvedeném smyslu je základním předpokladem principu šama. Negativní myšlenku či podnět můžeme totiž odstranit pouze tehdy (opakováním mantry nebo praxí rozlišování), když si uvědomíme její přítomnost. Amma v roli učitele nám tedy pomáhá i v tomto ohledu.

Uparama

Uparama znamená soustavné provádění své *dharmy* (povinnosti), nezávisle na jejím charakteru. Dharma člověka, který má rodinu, je evidentně jiná, že dharma brahmačarina či sanjásinů. Pro nás, jako děti Ammy, existuje však jedna společná dharma, která zahrnuje každodenní recitaci *arčany*, opakování mantry v určitém počtu, meditaci, sévu aj. Dharmou je de facto každá činnost, kterou nám Amma uloží.

V ašramu má Amma specifické metody, jak mnichům v dodržování jejich duchovní praxe pomoci. Uvedu jeden příklad: Nedávno se Amma dozvěděla, že několik mnichů vynechává ranní arčanu – recitaci Lalita Sahasranama[11], která začíná každé ráno ve 4:50. V úterý, kdy si všichni rezidenti ašramu za ní přišli pro *prasád*, přečetla seznam všech, kteří ráno chyběli. Zúčastnění museli předstoupit. „Tohle je ašram," prohlásila. „Pravidla a omezení jsou zde pro vaše dobro a nyní ponesete důledky. Vezmete si svůj talíř a lžíci, obejdete celý areál ašramu a za zvuku lžíce, kterou budete cinkat o talíř, si budete zpívat „Budu chodit na arčanu; nebudu opakovat svou chybu! Budu chodit na arčanu; nebudu opakovat svou chybu!"

Zanedlouho se ašramem nesl zvuk cinkání ocelových lžiček o talíře doprovázený nejistým zpěvem asi tak deseti brahmačarinů. Když se vrátili, Amma prohlásila, „My všichni jsme zatím v takové spirituální mateřské škole. Potřebujeme určitá pravidla

---

[11] Tisíc jmen Boží Matky

a omezení. Všichni jsme pyšní na své tělo i zevnějšek. Tento trest si zapamatujme a příště se budeme chovat s větší bdělostí. Budeme-li kultivovat svou bdělost, můžeme se stát natolik pozorní, že nám do mysli bez našeho vědomí nevnikne ani ta nejmenší negativní myšlenka. Takovou úroveň bdělosti potřebujeme."

Titikša

Titikša je schopnost udržet klid a vyrovnanou mysl v různých životních situacích, jako je zima, horko, extáze, bolest atd. V krátkosti se tedy jedná se o to, přizpůsobit svou mysl aktuální situaci. Jeden z nejlepších příkladů, jak Amma pomáhá tuto schopnost kultivovat, nastává při jejích cestách po Indii. Rezidenti ašramu cestují v autobusech. Sedadla zcela přirozeně postrádají to, co bychom si při takové cestě přáli nejvíc – místo na nohy, polstrování sedadel, anti-šoková opatření. Někdy je tak málo míst, že se mniši musí v sezení a stání střídat.

Uličky autobusů jsou obvykle zastavěny všemi možnými hrnci, pánvemi, krabicemi, kanystry či reproduktory. V některých oblastech jsou silnice relativně v pořádku, jinde však máte pocit, jako byste jeli po schodech... Teploty se během dne šplhají velmi vysoko a klimatizace samozřejmě nikde.

Proč to všechno? Jedná se ve skutečnosti o způsob, jakým Amma zvyšuje u svých brahmačarinů stupeň tolerance. Bolest je relativní. Co je pro jednoho k nevydržení, jedinci se silnou myslí ani nestojí za řeč. Pokud by šlo o vlastní podnik, pak by se nikdo na takovou cestu nevydal. Vidíme však, že kvůli lákavé možnosti trávit čas s Ammou se na tuto cestu těší nejen mniši, ale i devotees ze všech koutů světa. Chápou, že jsou tyto obtížné situace potřeba, ochotně se jich účastní a celou tour ukončí s mnohem silnější myslí.

Šraddha

Šraddha je důvěra a víra v to, co říká učitel a písma. Možná si myslíme, že naše víra je velká, ale když ji podrobíme detailnímu zkoumání, zjistíme, že má své limity. Amma to komentuje slovy: „V tyto dny je naše víra jako umělá končetina - bez života. Nejsme s ní pevně spojení, protože nám do života nebyla správně dána."

Jeden muž se procházel po horách a zálibně se kochal výhledem, když náhle stoupl na okraj útesu a začal padat. Zoufale natáhl ruku a zachytil se kmene starého stromu, který se tyčil nad útesem. Pln strachu začal hodnotit svou situaci. Byl asi sto metrů pod strmým útesem a pět set metrů nad propastí. „Pomoooc!" začal volat. Žádná odpověď nepřišla. Zkoušel volat znovu a znovu, ale bez úspěchu. Nakonec zakřičel: „Je tam nahoře někdo?"

Najednou se ozval hluboký hlas, „Ano, jsem tady nahoře."

„Kdo jsi?"

„Bůh."

„Můžeš mi pomoci?"

„Ano, pomohu ti. Věř mi."

„Okay, věřím ti. Tak mi teď pomož – *prosím*!"

Hluboký hlas odvětil: „Dobře. Chci, abys mi věřil a pustil se."

Visící člověk pohlédl dolů a zděsil se. Nemohl uvěřit tomu, co slyší. „Cože?"

Hlas znovu opakoval: „Věř mi a pusť se. Chytím tě."

V ten okamžik člověk zvolal, „Uf, není tam nahoře ještě někdo?"

Víra není něco, co lze vynutit disciplínou. Amma však dokáže pomoci i s tímto. Mluví-li realizovaný duchovní mistr, mají jeho slova mnohem větší váhu než výroky jiných lidí. To proto, že pravdu, kterou mistr prohlašuje, získal stoprocentně z vlastní zkušenosti. Žádné písmo, filozof či učenec takový vliv nemá. Každé slovo a čin duchovního učitele poukazuje na skutečnost, že on sám se nalézá ve stavu nejvyšší pravdy a že stejná úroveň poznání je možná i pro každého z nás.

V duchovním životě dále zjistíme, že víra kultivuje větší množství víry. V indické kultuře se víra kultivuje již od narození dítěte. *Samskáry* – rituály spojené s narozením, pojmenováním, prvním krmením, výchovné obřady, svatební ceremonie – vše se během života odehrává takovým způsobem, že se člověk stále přesvědčuje o síle a platnosti náboženské a spirituální tradice. Proto v okamžiku, kdy se setkává s guruem, má již pevnou víru v duchovní principy, která je dána jeho zkušenostmi. Pod vedením učitele se tato víra posléze zdokonaluje.

Například se často stává, že nám guru řekne, abychom udělali něco, co se nám nebude líbit. Může nám třeba dát úkol, na který nebudeme mít patřičné vzdělání. Budeme-li učiteli věřit a zbavíme se pochybností, zjistíme, že naše obavy byly neopodstatněné. Tím se naše víra posílí. Když však podlehneme svým obavám a učitele neposlechneme, náš strach ještě zesílí. Mysl, je-li vedena vírou, stává se dokonalým služebníkem. Když jí však dovolíme, aby se vzepřela, vyroste z ní despotický pán.

Samádhana

Samádhana je dokonalé zvládnutí jednobodové koncentrace. Tu je možné zvládnout pouze duchovní praxí, kterou nám uloží guru – meditací, mantra džapou a další recitací či zpěvem (vše podrobněji vysvětlíme v kapitole osmé). Dokud naše touha po osvobození nebude velice silná, tak pokud si budeme dělat to, co chceme, naše duchovní praxe tím utrpí. V ašramu Amma stanovila striktní rozvrh povinný pro všechny žáky, který jim umožní dokonale zvládnout jednobodovou koncentraci.

Schopnost se soustředit není předpokladem pouze pro meditaci či porozumění tomu, co guru říká. Je nutná i proto, aby nám pomohla dosáhnout našeho životního cíle. Uvedené koncentraci Amma říká *lakšja bodha* – soustředění na cíl. V ašramu najdete mnoho míst – ve výtahu, na pc monitorech, na volantu – kam lidé nalepili nálepky s nápisem „opakuj svou mantru". Máme-li správný postoj, pak se každá myšlenka, která se týká našeho gurua, může stát stejnou nálepkou.

NEMĚLI BYCHOM SI MYSLET, že Amma nás jednoho dne zavolá a slavnostně oznámí, že právě dnes začal vztah gurua a žáka. Tak to nefunguje. Ona nejprve vyhodnotí naši zralost, odevzdání, odpoutanost a touhu po osvobození a pak jedná – nezapomínaje na veškeré souvislosti. Někdo je zralý skoro ihned; další potřebuje ještě trochu dozrát – je to individuální. Do jaké míry jsme na disciplínu zralí, do té míry se nám dostane. Krom toho, každý je jiný – ne každý potřebuje direktivní instrukce. Existují lidé, kteří jsou v ašramu dvacet let a které Amma nikdy konkrétně neopravila. Také jsou však lidé, kteří do Amritapuri ani nenakoukli a ke kterým se chová velice striktně hned od začátku. Důvodem je to, že vždy bere v potaz širší okolnosti, než jsme my schopni naším zrakem vidět – bere ohled na naši minulost, současnost i budoucnost a podle toho jedná.

Říká, že nelze stanovit obecný seznam pravidel, jak se bude guru k žákovi chovat. „Guru vede žáka podle *vásán* (tendencí), které žák získal během mnoha životů," říká. „I v zcela identických situacích se guru může chovat k jednotlivým žákům úplně jinak. Nemusí vám to dávat žádný smysl. Důvod zná jen učitel. Guru rozhodne, jaké procedury je nutné absolvovat, aby se vásány jednotlivce oslabily a aby jej mohl vést k cíli. Jeden z faktorů, který umožní žákovi duchovní pokrok, je skutečnost, že bude rozhodnutí učitele akceptovat. Když dva žáci udělají tu samou chybu, guru bude na jednoho přísný, zatímco ke druhému bude velice milý, jako by se nic nestalo."

V neposlední řadě guru pracuje na odstranění žákova ega. Jako když sochařský mistr odsekává masivní kusy kamene – z pohledu skály se to může zdát velmi bolestivé, ale mistr vidí pouze nádhernou podobu Boha, který čeká uvnitř. Tento proces nelze urychlit a guru si počíná opatrně. Pouze vyučený mistr je povolán k tomu, aby tento proces vedl – jiní by mohli kámen naštípnout a krásu, která uvnitř čeká, poničit. Jediným rozdílem mezi žákem a kamenem je ten, že kámen nemá jinou možnost než se odevzdat. Žák se může kdykoli naštvat a odejít, což se občas stává. Některá místa, kam se guru strefí, mohou extrémně bolet. a satguru jako Amma tato místa dokonale zná… V Indii jsou lidé, kterým se říká *marmikas* – jedinci, kteří znají všechny dotykové body lidského těla a mohou vás znehybnět pouhým dotekem prstu. V mnoha ohledech je Amma stejná. V jedné větě vás dokáže naprosto knokautovat. a nejen to, před ostatními to dokáže dokonale skrýt – druzí si mohou myslet, že se jedná o úžasný vtip či další z jejích *líl* (božích her) nebo dokonce o *kompliment*. Pouze zúčastněný terč pozná, jak ostrou a přesnou měla trefu.

Vzpomínám si na situaci, která se stala před mnoha lety. Amma dávala daršan a jeden z příchozích se zeptal: „Kdykoli přijdu do ašramu, hrají zde tolik krásných bhadžanů. Odkud ty bhadžany máte? Kdo je píše?"

Amma odpověděla: „Spousta lidí píše bhadžany – devotees, brahmačarini, brahmačarinky, swámí…" Poté ukázala na brahmačarina sedícího poblíž. „Tady ten je autorem několika velmi krásných písní."

Navenek získal tento brahmačarin velký kompliment. Ve skutečnosti se ale jednalo o přesně mířenou ránu kladivem. Brahmačari ve skutečnosti napsal několik bhadžanů, které Ammě věnoval, ale ta žádný z nich nechtěla zpívat. Zrovna před týdnem se jí na tento fakt zeptal. „Věnoval jsem ti tolik písní a ty nikdy žádnou nezpíváš. Ostatní ti dají bhadžany, o nichž vím, že nejsou tak dobré, jak ty moje, a ihned je začneš nacvičovat. Vím, že je to proto, že máš ostatní raději než mne…"

Amma odvětila: „Synu, říkáš, že jsi tyto bhadžany Ammě *věnoval,* ale je tomu tak skutečně? Pokud někdo někomu něco opravdu věnuje, pak už to není jeho a náleží to tomu, komu to bylo věnováno. To je skutečné věnování. Vypadá to, že tvé „věnování" má mnoho přídavných podmínek."

Z estetického či technického hlediska byly bhadžany, které tento brahmačari složil, vynikající. Amma jako guru však neměla zájem na komponování excelentních bhadžanů, ale chtěla, aby egoizmus[12] brahmačarina, který se manifestoval jako pocit „já dělám", dostal lekci. Amma vždy trvá na tom, co je pro nás nejlepší. I když to může intenzivně bolet, jsou podobné zkušenosti k nezaplacení. Guru si najde čas, aby odsekával, opravoval a leštil. Vzpomínám si na verš, který jsem kdysi četl. Vzdával úctu duchovnímu mistrovi.

Jestliže se cítíš jako myš,
jejíž ocas vězí pod kočičími drápy
věz, že tě guru drží
s nejvyšší láskou ve svém srdci.

Uvedený verš bychom neměli nikdy zapomenout. Jinak, jako brahmačari, jenž „věnoval" své bhadžany, můžeme začít gurua soudit a mylně předpokládat, že jeho jednání souvisí s tím, co má či nemá rád a nikoli s tím, co je pro nás nejlepší.

Vzpomínám si na jednu rodinu, která bydlela v ašramu. Navenek byli Ammě velmi blízko. Když se k nim ale začala chovat jako učitel, rychle si sbalili věci a odjeli, vysvětlujíce ostatním, „Guruvayurappan[13] nám stačí!" Věřící se vždy modlí, aby Bůh na sebe vzal podobu a navštívil je. Když to však udělá, tak si mnohdy přejí, aby se raději vrátil tam, odkud přišel.

Vnitřní guru

Satguru nejen že poukazuje na naše nedostatky, ale pomáhá nám, abychom je dokázali vidět sami. Svět se tak bude čím dál víc stávat jakýmsi zrcadlem, v němž dokážeme spatřit všechny naše

---

[12] Několik týdnů poté Amma začala zpívat některé bhadžany, který brahmačári napsal.

[13] Podoba Šrí Krišny v slavném chrámu blízko města Trissur v Kerale.

chyby či charakterové nedokonalosti. Ve skutečnosti Amma říká, že hlavním úkolem vnějšího gurua je snaha vzbudit v nás gurua vnitřního. Když se dostaneme na tento stupeň, naším guruem se stane celý svět. Učení, které jsme obdrželi od vnějšího učitele, nacházíme všude, kam se podíváme – v naší rodině, pracovním životě, společenském životě a dokonce i v přírodě. Amma říká, že tak to pro ni bylo již od dětství.

„Vše na tomto světě je pro Ammu guru," říká. „Bůh a učitel jsou uvnitř každého člověka. Dokud však bude přetrvávat ego, nebudeme si toho vědomi. Ego funguje jako závěs, za kterým se vnitřní guru ukrývá. Jakmile jednou vnitřního gurua objevíte, budete jej vnímat ve všem v celém vesmíru. Protože Amma našla svého gurua uvnitř sebe, tak se vše, včetně každého zrnka písku, stalo jejím guruem. Možná nechápete, jak může být guruem třeba trn. Ano, každý trn představoval pro Ammu učitele; protože když si ho píchnete do nohy, dáváte pak větší pozor na cestu. Tak jeden trn vám pomůže vyvarovat se situace, abyste na něj opět nestoupli nebo abyste nespadli do hluboké díry. Za svého učitele považuje Amma i vlastní tělo; protože zamyslíme-li se nad jeho dočasným charakterem, dojdeme k závěru, že jen naše vnitřní Podstata (*átmán*) představuje trvalou skutečnost. Amma cítí vděčnost ke všemu v životě, protože vše kolem ní ji vedlo k dobru."

Úkolem vnějšího gurua je dovést nás k tomuto bodu. Neznamená to však, že nás zde opustí. Naopak s námi bude neustále – bude s námi jíst, procházet se, pracovat i spát. To proto, že my a učení gurua jsme se stali jedním a kamkoli se naše mysl vydá, vydá se i guru. Dosáhli jsme také poznání, že podstata učitele – vědomí – proniká celým vesmírem. Jakmile dosáhneme této úrovně, jako bychom nasedli do expresního vlaku. Vystoupit už nelze – celý život žijeme ve spojení s učitelem.

Kapitola čtvrtá:

Proč Amma založila ašram

*Ašram není jen seskupením neživých budov,
chrámů a stromů; ale jedná se o vyjádření
satguruovy milosti. Je živou, dynamickou a
vitální institucí, která podporuje zájem
upřímného studenta o dosažení stavu jednoty.*

–Amma

PRO NĚKOHO, KDO SE CHCE zdokonalit ve spiritualitě, neexistuje lepší místo než *ašram* osvíceného mistra.

Amritapuri je jako univerzita – ideální místo k učení, praktikování a osvojení si duchovních principů. Jakmile sem přijdete, není nutné vydávat se dál.

I když to tu často vypadá spíše jako na festivalu než v poustevně, Amma zde poskytuje vše, co pro náš duchovní rozvoj potřebujeme – na hrubé i jemnější úrovni. V tomto ohledu ašram záměrně simuluje jakýsi „mikrokosmos" skutečného světa, kde se můžeme setkat s nerůznějšími situacemi a lidmi. Máme-li správný postoj, pak nás to z duchovního hlediska posune dál. Zkušenost z ašramu by se dala přirovnat naší snaze naučit se plavat v bazénu versus potápět se v oceánu. Tím, že jsme neustále pod dohledem mistrovské „pobřežní hlídky" s názvem Amma, můžeme se naučit a posléze dokonale zvládnout všechny styly, které jsou potřeba, abychom se v životě neutopili – pak můžeme plavat kdekoli. Jak Amma popisuje: „Pro toho, kdo umí dokonale plavat, představují vlny v oceánu úžasnou zábavu; pro neplavce jsou ale hrůzostrašné a mnohdy smrtící."

Mnozí říkají, že jejich první návštěva ašramu je jakýmsi návratem domů. Nikdy zde nebyli, přesto mají poprvé ve svém životě pocit, že přišli skutečně domů. V okamžiku vydání této knihy žije v ašramu více než 3000 rezidentů – směsice *sanjásinů, brahmačarinů, brahmačarinek* a rodin. Amritapuri se krom toho stalo jedním z pěti kampusů Amrita univerzity, takže zde bydlí i cca 300 studentů. Každým dnem přijíždějí stovky devotees z celého světa, někteří se zdrží i půl roku. Pak zde máme tisíce lidí, kteří přichází jen během dne, aby dostali *daršan*. V mnoha ohledech se z ašramu, který původně představoval prosté místo, kde žili rodiče Ammy, stala hustě obydlená vesnice.

Amma často srovnává ašram s velkou rozvětvenou rodinou. V indické rodině existuje tradice, že po svatbě syna se jeho žena nastěhuje k němu a jeho rodičům – ne-li do stejného domu, pak do domu v sousedství. Některé komplexy takto spřízněných domů jsou obrovské. Vzpomínám si, že r. 2007 Amma jednu takovou komunitu navštívila - Chrám Šrí Ranganáthan v Tiruccirapalli, ve státě Tamil Nadu. V jednom obytném komplexu zde žilo společně 70 příbuzných. To však není nic zvláštního. Ve městě Lakkur, v Karnatace, žije rodina, kde všech jejích 170 členů bydlí vedle sebe. Tento jev byl dříve v Indii zcela běžný, dnes je však v oblibě jen nejužší rodina. Převládající model jsou dvě děti a dva rodiče, více již není žádoucí. Jakmile děti vyrostou, chtějí se co nejdříve odstěhovat a bydlet ve vlastním. Amma poukazuje na skutečnost, že děti, které vyrůstaly v rozvětvených rodinách, jsou po mentální stránce často mnohem zralejší a odolnější než jedináčci či děti s jedním či dvěma sourozenci.

Život v Amritapuri je podobný, jen to vše ještě znásobte stokrát. V rozvětvené rodině alespoň všichni mluví jedním jazykem a sdílejí stejnou kulturu. V Amritapuri najdete jednotlivce z více než 50 zemí světa, mluvící desítkami jazyků. Takový počet rozdílných tváří žijících pod jednou střechou je jako když naházíte stovky ostrých kamenů do obrovského drtiče. Jak se kameny hýbou, létají a naráží na sebe, veškeré jejich ostré hrany se otupí a na konec z bubnu vysypeme hladké naleštěné a zářivé oblázky, popisuje Amma.

V dnešním světě jsme však svědky jevu zcela opačného. Každý se před druhým skrývá. Zaměstnanec se skrývá před šéfem, manžel před manželkou a ta zase před ním, děti před svými rodiči a rodiče před svými dětmi… „Jestliže jsou v domě čtyři lidé, pak každý z nich je jakýmsi izolovaným ostrovem", říká Amma.

To mi připomnělo jeden kreslený vtip, který mi kdysi někdo ukázal. Na obrázku byla žena – velká, těžkotonážní selka s válečkem v ruce. Dívala se pod postel a křičela, „Jsi-li muž, tak vylez ven!" a kdo byl pod postelí? Manžel. Jeho malá vyhublá postava se krčila pod nejvzdálenějším rohem postele. „Jsem pánem domu! Vylezu, až budu chtít!" zněla jeho odpověď.

Myslíme si, že izolace je jednou z našich výhod, ve skutečnosti se však stáváme oběťmi nejistoty a přecitlivělosti. „Své místo pod postelí" považujeme za velké vítězství a blaženě zapomínáme na fakt, že se stáváme odříznutí od zbytku domu.

Dnes si každý přeje samostatný pokoj, samostatnou pracovnu a své auto. I přístroje, které byly vynalezeny s úmyslem podpořit sociální konektivitu – mobilní telefony a internet – se v našich rukou staly způsobem, jak se chránit a izolovat více než kdy dříve. Výsledkem je generace jedinců, která nedokáže čelit nejmenším obtížím s vyrovnanou myslí. Když dojde ke konfliktu, tak buď propadneme depresi, nebo se začneme vztekat. V našem izolovaném světě není nikdo, kdo by naše ego a sobectví držel pod kontrolou a my se stáváme zcela sebestřednými bytostmi, které nedokážou přijmout pocity a názory druhých.

Roku 2007 na filmovém festivalu Cinema Verité v Paříži přednesla Amma projev s názvem „Soucítění: Jediná cesta k míru". Amma zde dlouho mluvila o disharmonii mezi lidstvem a přírodou. Navrhla seznam nejdůležitějších aktivit, které by lidé měli přijmout a pokusit se situaci změnit k lepšímu. Jedna z uvedených činností se týkala principu spolujízdy – po vyjmenování hlavních výhod, jako je menší znečištění, nižší spotřeba benzínu, snížení provozu atd., prohlásila: „Co je nejdůležitější – mezi lidmi se zvýší láska a vzájemná pomoc." Tím nám jasně ukazuje, že vlastní izolace má negativní dopad na psychiku jednotlivce i na společnost jako celek. Život v ašramu funguje na stejném principu; je to jako jedna velká spolujízda.

Ašram poskytuje ideální prostředí pro spirituální praxi. Jak uvidíme v příštích kapitolách, duchovní praxi můžeme obecně rozdělit na tři aspekty: karma jógu, meditaci a snahu po dosažení osvobození. Jak bude podrobněji uvedeno v páté části, karma jóga nám v prvé řadě pomáhá překonat to, co se nám líbí a nelíbí a jako taková poskytuje alespoň relativní pocit mentálního klidu. Co se tohoto druhu praxe týče, lepší místo než Amritapuri asi nenajdete. Abychom se něčeho mohli zbavit, pak si nejprve musíme uvědomit, že ta věc, pocit či kvalita nám náleží. V Amritapuri se nelze nikam schovat – žádný úkryt pod postelí. Jestliže nehodláte upustit do toho, co se vám líbí a nelíbí, pak vám zde asi nebude nejpříjemněji. Pokud na druhou stranu pochopíme, že naše „líbí – nelíbí" je zdrojem omezení a tudíž nežádoucí, pak se Amritapuri stane dokonalým tréninkovým místem.

I příležitosti k dobrovolnému odříkání (*tapas*) zde naleznete skoro na každém rohu. Ve frontě na jídlo či daršan se naučíte trpělivosti. Princip *titikša* (lhostejnost k obtížím) lze nacvičit uprostřed davů lidí při festivalech jako je Onam nebo na Ammiiných narozeninách. Závislost na spánku můžete překonat, když budete chtít být celou noc vzhůru a sledovat daršany. Závislosti na dobrém jídle se zde zbavíte také. Zjistíte, že skutečně nepotřebujete ve svém pokoji měkkou postel, ale usnete na slaměné rohoži s několika dalšími lidmi v místnosti, která má tři krát tři metry. Překonáte svou averzi ke hluku a naučíte se, jak zůstat klidným za všech okolností.

Někdo mi kdysi vyprávěl následující vtip o zemi, kde trvalo strašně dlouho, než se něco zařídilo. Jeden muž potřeboval auto, šel tedy za prodejcem aut, který mu ukázal dva modely. „Vaše auto bude nachystáno k vyzvednutí ode dneška přesně za deset let." Říká prodejce.

„A odpoledne či dopoledne?" ptá se muž.

Autoprodejce se diví: „Proč na tom záleží?"

„No, dopoledne ke mně přijde instalatér." odvětí muž.

Pointa ovšem nechce říci, že ašram připomíná neefektivně řízený stát. Ani že bychom měli trpět zbytečně. Jde o to, že pozitivní vlastnosti jako trpělivost lze získat pouze tehdy, pokud budeme vystaveni obtížným situacím a pozitivním způsobem se jich zhostíme. V neposlední řadě je zde přítomná Amma a její vibrace, které nám pomáhají soustředit svou mysl navzdory objevujícím se problémům.

Co se týče druhé duchovní praxe, meditace, je Amritapuri skutečně požehnaným místem. Je to takřka paradox. Jak může místo, které svým hlukem a aktivitou připomíná včelí úl, představovat vhodné místo pro meditaci? Tyto pochybnosti mají všichni, kteří sem přijíždí poprvé. Když pár dnů vydrží, tak zjistí, že přes vnější všudypřítomný ruch, začnou pociťovat vnitřní pokoj. I když je v ašramu třeba deset tisíc lidí, pocit samoty odsud nezmizel. Tento paradox lze přičíst na vrub jedině přítomnosti žijícího duchovního mistra. Ve skutečnosti je to přítomnost Ammy, která nám pomáhá zbavit se připoutaností a v duchu karma jógy vše odevzdávat. Přítomnost dokonale osvícené bytosti je něčím navýsost jedinečným a transformativním.

„Na určitých místech, i když budeme kopat velmi hluboko, vodu nenajdeme," říká Amma. „Když ale vykopeme díru u řeky, narazíme na ni a díra nebude muset být ani moc hluboká. Stejně tak je to s blízkostí satgurua, jste-li žák. Duchovní cesta bude snazší. Ovoce své snahy získáte bez většího úsilí."

Amma dosáhla nejvyššího Poznání a její mysl je stále naplněna blažeností. Je natolik čistá, že vyzařuje vibrace klidu a pokoje. Vibrace se šíří ven a ovlivňují mysl všech, kteří se nalézají blízko ní. Naplňují celý ašram. Proto se mnozí lidé ihned po příchodu do ašramu cítí klidněji a uvolněněji. Na tento fakt poukazují i novináři, kteří ke spiritualitě nijak neinklinují. Dá se to popsat jako fenomén příbuzných vln: entita vyzařující vlny na určité frekvenci vyvolá stejné vlny u jiných samostatných entit, které také začnou vyzařovat. Právě uvedený jev lze symbolicky nalézt na obrazech mnohých světců – v kompozicích, kde vedle sebe mírumilovně leží jehňata i lvi. Strach jehňat i dravost lvů jsou neutralizovány silnými vibracemi klidu, které vyzařuje světcova mysl.

Do ašramu přichází různí lidé. Někteří jen vystoupí z turistické lodě, která pluje po nedaleké řece. Tvář těchto jedinců často ukazuje, jako by na svých bedrech nosili tíhu celého světa. Přestože mají dovolenou, tak u mnohých vidíte, že si veškeré životní starosti nesou s sebou. Musím přiznat, že když někoho takového potkám, ihned to ve mně vyvolá zájem. Proč? Protože vím, že zůstanou-li týden nebo dva, velice je to změní. Začnou jinak chodit, jinak mluvit, jinak se usmívat... Budou vypadat lépe – psychicky i fyzicky. Jejich obličej se zvláštním způsobem rozzáří, i když tam původně byli jen temné mraky. Uvedenou skutečnost mohu připsat jen hlubokým a silným vibracím, které z Ammy vyzařují. Naše mysl se stává přirozeně meditativní právě díky jim. Mnozí proto zjišťují, že v blízkosti Ammy je mnohem snazší se soustředit na mantru, vizualizovat si svůj meditační objekt a obecně se koncentrovat na Boha.

Amritapuri představuje ideální prostředí i pro džnána jógu. Je tu nejen Amma, která se pravidelně vyjadřuje k určitým tématům a pořádá veřejná setkání, kde jí kdokoli může pokládat otázky, ale najdeme zde i pravidelné přednášky týkající se důležitých duchovních textů, jako jsou upanišády, Bhagavad-gíta a Brahma sútry.

Chvíle vymezené pro kladení otázek mají svou nevšední krásu, která spočívá v tom, že Amma dovolí, aby se jí kdokoli zeptal na cokoli. Odpověď pak vždy bere v potaz mentální úroveň tazatele. Takové odpovědi na míru nelze najít v knihách. Amritapuri představuje dokonalé místo ke studiu písem, vyjasnění si pochybností a následné asimilaci duchovního poznání. V klidné atmosféře ašramu máme blíže k sebereflexi; snáze se dostáváme na různé stupně *sakši bhava* (stav pozorovatele) i ke kontemplaci Nejvyšší Podstaty.

Amma říká, že půda v Amritapuri byla nasycena jejími vlastními slzami – odříkáním, které prováděla a pro dobro světa provádí. Tato skutečnost vdechla tomuto místu charakter svatosti. Proto je Amritapuri optimálním místem, kde lze kultivovat *bhakti* – lásku k Bohu. Amma nepopisuje bhakti jako lásku ke konkrétní podobě Boha, ale říká, že se jedná o nejčistší druh lásky – lásku bez hranic, omezení a očekávání, která kulminuje naprostým odevzdáním se Bohu. Podle úrovně každého jednotlivce se láska k Bohu manifestuje rozdílným způsobem, ale vnitřní pocit je tentýž; jen se zesiluje. Mnozí přichází do Amritapuri aniž by věděli, co slovo „oddanost" vůbec znamená, ale i v nich se zanedlouho bhakti probudí. Při poslechu procítěných bhadžanů, kdy mají možnost vidět, jak Amma extaticky volá po Bohu, v nich dojde k transformaci a jejich srdce začne pociťovat expanzivnější lásku k Nejvyššímu. Bhakti tak transformuje abstraktní koncept lásky k Bohu v situaci, která se nás osobně lidsky dotýká.

Pouhá procházka po ašramu nás dokáže inspirovat, abychom začali či pokračovali s naší duchovní praxí. V drtivé většině případů se jedná o přímý opak toho, co zažíváme ve svých domovech. V optimálním případě máme ve svém domě jednu malou místnost, která je vyhrazena Bohu, zbytek patří rodině. Ašram, to je místo, kde žijete v jedné velké místnosti, která je celá určena na obřad pudža[14]. Naše domácnost je zařízena s ohledem na co nejvyšší pohodlí. Na stěnách fotografie členů rodiny, vzpomínky na dovolenou, televize, pohodlný gauč … vše nám neustále připomíná naši omezenou osobnost a láká nás, abychom se oddávali smyslovému pohodlí. Doma jsme často jediní, kdo chce brzy ráno vstávat, recitovat *arčanu*, meditovat, číst duchovní texty atd. Když chceme být v tichu, pořádá se oslava. Chceme-li držet

---

[14] V indických domácnostech je tradičně jedna místnost vyhrazená modlitbám, meditaci a uctívání.

půst, vaří naše oblíbené jídlo. Vzpomínám si, že mi na tohle téma někdo ukázal kreslený vtip. Ve své luxusně zařízené ložnici sedí teenager, který je oblečen jako *brahmačari* – v rouchu, s hlavou oholenou vyjma malého copánku, v rukou drží tamburínu na bhadžany. Ve dveřích stojí rodiče, kteří očividně nejsou životním směřováním jejich syna nadšeni. Text pod obrázkem zní: „Chceme, abys věděl, že já i tvůj otec na sto procent souhlasíme s tím, aby ses vrátil zpět ke své drogové závislosti."

Ašram působí přesně opačně. Veškeré obrazy zde zpodobňují Boha či osvícené bytosti. Kamkoli se podíváte, vidíte jednotlivce oblečené do šatů, které symbolizují čistotu a odříkání. Vše je nasáknuté vzpomínkou na Ammu – zdejší půda nese otisky jejích kroků. Pohlédneme na řeku a vzpomeneme si na dobu, kdy veslovala na druhý břeh nebo se nám vybaví příběhy, jak zde ve svém dětství plavala s kamarády. Vidíme oceán a vzpomeneme si, jak sedávala na pobřeží a blaženě zpívala *„Srstiyum Niye"*. A když je v ašramu, můžeme kdykoli jít a dívat se, jak dává daršan. K tomu každý večer zpívá bhadžany. Nenajdete inspirativnější atmosféru, než je ašram žijícího duchovního učitele.

Dále je zde síla *sanghy* – duchovního společenství. Každý vstává brzo. Každý medituje. Každý chodí na bhadžany atd. Když někdo ráno zaspí, jeho spolubydlící ho vzbudí. Tuto pomoc oceníme zjm. v okamžicích, kdy bychom na duchovní praxi zanevřeli, pokud by vše zůstalo jen na naší vůli. Rozdíl je asi takový, jako se učit abecedu ve škole nebo úplně sami.

Čtyři životní stadia

Rozvržení života, jak je popsáno ve Védách, zahrnuje čtyři *ašramy* (životní stadia): *brahmačarja ašrama, grhasta ašrama, vanaprašta ašrama a sanjása ašrama*[15]. Podle uvedeného systému odcházeli chlapci do ašramu, který vedl osvícený učitel (od

---

[15] Mezi čtyři ašramas (životní stadia) patří v následujícím pořadí studentské období, období rodinné, období poustevnické a mnišství.

sedmi do cca dvaceti let), kde žili jako brahmačarini a vzdělávali se – ve věcech duchovních i světských. Většina poté pokračovala rodinným životem (*grhasta ašrama*), jen několik málo z nich vykazovalo tak silnou odpoutanost, že odmítli manželství a přímo přešli do mnišského života (*sanjása ašrama*). Rodinný život nesloužil k násobení přání; představoval určitý nástroj, jak zčásti svá přání naplnit a pomocí karma jógy dosáhnout mentální čistoty. Díky němu člověk získal životní zralost, která přichází s poznáním, že dokonalé štěstí nelze nikdy získat splněním osobních přání. Když rodiče vychovali své děti a neměli jiné závazky, opustili svůj dům, aby začali žít meditativním životem v lese – *vanaprašta ašrama*. Nakonec, když na to byla jejich mysl připravena, překonali i osobní pouto mezi sebou a vstoupili do mnišského stavu – *sanjása ašrama*.

Z různých důvodů vzal tento systém během několika staletí úplně za své. Amma říká, že snaha o jeho obnovení, by se setkala jen s neúspěchem. Než oživovat minulost, měli bychom se raději soustředit na cestu vpřed a zachovat co nejvíce tradičních hodnot. V tomto duchu byl založen ašram – jako místo, kde budou lidé všech profesí nejen žít, ale i provádět různé druhy duchovní praxe tak, jak by původně činili ve čtyřech životních stadiích.

Život v ašramu není útěkem před odpovědností. Jakmile jsme se pro určitou cestu rozhodli, měli bychom se snažit ji správně dokončit. Mezi těmi, kteří si přejí žít v ašramu jako brahmačarini a brahmačarinky, jsou nejvíce zastoupení vysokoškolští studenti, kteří by měli vstoupit do manželství. Ve svých přibližně dvaceti letech se rozhodnou pro ašram, v němž chtějí svůj život věnovat duchovní praxi. Vnější sliby neskládají, ale je to jejich cíl; život v ašramu volí jako alternativu života v manželství. Amma často doporučuje, aby všichni, kteří chtějí takto žít, nejprve v ašramu strávili alespoň rok či dva a zjistili, jak jejich mysl reaguje na tamější pravidla a omezení. Když poté cítí, že mají požadovanou odpoutanost, mohou zůstat. Po mnoha letech v ašramu jsou někteří z nich formálně iniciováni do stavu brahmačarja a Amma jim předá žluté roucho. Brahmačarini a brahmačarinky jsou mniši – studenti. Žijí podle přísných pravidel, studují písma a pomocí sévy a meditace kultivují svou mysl.

Kromě brahmačarinů a brahmačarinek se ašram stal domovem pro stovky rodin – z Indie i zahraničí – které se rozhodly zde žít a vychovávat své děti. Někteří pracují mimo Amritapuri a někteří se plně věnují práci na různých projektech a institucích, které ašram zaštiťuje. V ašramu najdete i mnoho párů v důchodovém věku. *Grhastašrami* (člověk žijící v rodině) a *vanaprašha ašrami* (poustevník v důchodu) zde tedy žijí také.

Nakonec zde máme sanjásiny, bývalé brahmačariny, kteří byli dle instrukcí Ammy formálně iniciováni do mnišského života – ti již nežijí pro sobecké účely, ale kompletně se věnují službě druhým. Amma je názoru, že sanjásin má složit slib, že bude nezištně sloužit ostatním. Očekává se, že chápe skutečnost, že není tělem ani myslí či intelektem a proto by svou totožnost měl spojovat se svou Podstatou (*átmán*). Roku 2007 na kongregaci sanjásinů Amma přednesla svou vizi stavu sanjásy. „Skutečný sanjásin je ten, kdo dokáže zůstat spokojený nezávisle na tom, co činí. *Átma samarpanam* (odevzdání se) je tajemstvím štěstí. To znamená, že sanjásin by měl být schopen vykonávat činnost bez připoutanosti. Taková odpoutanost je možná jen skrze odevzdání. Mimořádnost a jedinečnost všeho, co sanjásin dělá, nastane, když se jeho srdce naplní soucitem a je ochotné se obětovat. Pak štěstí, které je výsledkem obětování vlastního pohodlí pro ostatní, propůjčí jeho činům charakter vyjímečnosti. Skutečně změnit druhé dokáže jen opravdový sanjásin", prohlásila Amma. Sanjása, alespoň jako mentální stav, představuje nejvyšší cíl duchovního života. Lidé ze všech životních období (*ašramas*) se snaží pouze o ni – jedná se o vyvrcholení lidské existence.

Můžeme tedy vidět, že v ašramu si najde místo každý, pokud se cítí zralým a natolik odpoutaným, že mu nevadí jednoduchý život věnovaný duchovnímu úsilí. Samozřejmě ne všichni devotees sem musí odejít. Třeba k tomu zatím nenastaly vhodné podmínky. Je to osobní rozhodnutí. Mnohem důležitější, než se odstěhovat do Amritapuri, je naše snaha transformovat v ašram vlastní domov. Žijte svůj život, neutíkejte od rodinných závazků a kultivujte svou mysl tak, že prakticky aplikujete to, co Amma učí. K členům své rodiny se chovejte jako k Bohu, tak je i milujte a starejte se o ně. Takový domov je skutečným ašramem. Jak Amma říká: „Skutečný *grhastašrami* je ten, kdo svůj domov (*grham*) proměnil v ašram."

A stále znovu zdůrazňuje, že mnohem důležitější než fyzická blízkost je mentální „naladění". „Kde existuje láska, tam není vzdálenosti. Leknín je od slunce vzdálen miliony kilometrů, ale když zasvitnou sluneční paprsky, rozkvete. a naopak, pokud máte špatně naladěnou stanici, tak nemůžete slyšet vysílání, třebaže byste seděli přímo před vysílačem. Komár nachází ve vemenu krávy jenom krev, nikoli mléko," říká.

Jedním z darů, které nám Amma poskytuje, jsou tisíce satsangových skupin po celém světě. Díky těmto střediskům, ašramům a domovům, které slouží jako místa k setkávání, se můžeme pravidelně vídat s dalšími devotees, zpívat bhadžany, opakovat mantry a účastnit se charitativních projektů. Udržíme si tak inspiraci a nadšení pro své duchovní cvičení. V období osobních krizí a problémů se jedná i o místo, kde se nám dostane podpory. Neměli bychom však zapomínat, že satsangová skupina je nástrojem, který pomáhá nasměrovat náš život k Pravdě (*sat*), ne jinam. Má jít o místo, kam si přicházíme oddechnout od světského života – o místo duchovního růstu. Veškeré klábosení, světské řeči a rivalitu bychom měli nechat za dveřmi.

Nakonec každý může – což se také děje – Amritapuri *navštívit*. Několik dnů, týdnů či měsíců v ašramu představuje jedinečný způsob, jak nalézt inspiraci a posílit svůj vztah s Ammou. Přijďte, zůstaňte několik týdnů nebo měsíců, dobijte svou duchovní baterii a pak si odvezte Ammu a ašram zpět domů.

Kapitola pátá

Očista pomocí karma jógy

Nesobecká činnost je jako mýdlo, které čistí naši mysl.

–Amma

NEČISTOTA NASTANE, KDYŽ se do jinak homogenní substance vmísí cizí prvek. Ať se jedná o fyzickou či mentální úroveň, lidské bytosti nedokážou nečistotu přijmout. Pokud se na fyzickém těle někde objeví nějaká skvrna, naše ruce tam přirozeně budou chtít sáhnout a opakovaně ji odstranit. Na psychické úrovni je to stejné. Mentální nečistoty přichází nejvíce v podobě touhy – toho, co máme a nemáme rádi. Ve své původní neposkvrněné podobě je mysl jako klidná průzračná hladina jezera – nepředstavuje nic jiného než transparentní závoj, skrze nějž lze jasně zakoušet blaženost vnitřní Podstaty. Přání jsou jako kameny hozené na hladinu. Čím silnější touha – a větší kámen – tím větší psychické rozrušení. Naplnění přání je jedním ze způsobů, jak se neklidu zbavit. Jedná se o způsob, jak funguje většina lidí – honí se za svými vnějšími touhami a utíkají před vším, co se jim nelíbí, aniž by někdy porozuměli skutečné psychologické motivaci, která stojí za jejich chováním – za tím, že prostě chtějí mít klid.

Amma bohužel říká, že není možné se trvale zbavit touhy tím, že ji budeme naplňovat. Zbavíme-li se „nečistoty" tím, že touhu naplníme, tak touha bude zpacifikována jen dočasně. Dříve či později se vrátí s mnohem větší intenzitou a neklid tak ještě bude výraznější. Jedná se o začarovaný kruh. Tento jev Amma popisuje jako škrabání svědící rány – na chvíli pocítíme úlevu, ale brzy to opět začne svědět a díky infekci je to ještě horší. Nebo můžeme

vzít příklad vyděrače, který nás nutí, abychom mu zaplatili. Když na to přistoupíme, zítra přijde opět a bude chtít ještě víc. Poprvé chtěl tisíc korun, zítra bude chtít dva tisíce. Místo abychom se nechali ovládat, je třeba se jej zbavit. Písma, která vidí vnitřní problém v tom, že se snažíme získat trvalý klid skrze *naplňování* svých tužeb, říkají, že to máme vyřešit pomocí *transcendence*. Dokonalá transcendence touhy nastává jen ve stavu osvobození (*mokša*). Jedná se o vyvrcholení duchovního života, kdy jednotlivec bez jakékoli pochybnosti vidí, že „není tělem, pocity či intelektem, ale věčným, stále blaženým vědomím, které je podstatou jeho bytosti." Naprosté vykořenění touhy nastává jen díky tomuto pochopení. Příčina existence naší touhy totiž pramení z nevědomosti ohledně toho, kým jsme. Identifikace s tělem způsobuje strach ze zranění a smrti. Identifikace s *pránou* (energií) uvnitř našeho těla, způsobuje strach z nemoci. Ztotožnění s myslí a vším, co se nám líbí a nelíbí, je příčinou nespokojenosti, pokud se vnější okolnosti odchýlí od našich představ. Vše existuje jen na základě špatného chápání naší identity. Tělo, emotivní mysl a intelekt jsou jen dočasné a omezené entity. Jakmile se s nimi ztotožníme, pak se přirozeně musíme cítit omezení a nedokonalí. V tomto okamžiku chceme s celou situací něco dělat. Jak? Rozhlédneme se kolem, uvidíme nějakou věc, kterou nemáme a ihned dostaneme nápad, „jé, kdybych tak měl *tohle...*" a začarovaný kruh začíná. Žádný vnější lék na vnitřní zranění neexistuje, i když nám dočasně může poskytnout úlevu.

Dokonalá transcendence je možná jen díky poznání naší Skutečné Podstaty, nicméně se jedná o velice subtilní proces, který se nemůže odehrát v mysli neustále zmítané touhami. Situace se tedy jeví jako bezvýchodná, protože mudrci a svatí nám říkají, „nikdy nelze transcendovat touhu bez klidné mysli." A zeptáme-li se, jak tedy klidnou mysl získat, odpověď zní: „Zbav se své touhy." Co si máme počít? Právě v tomto okamžiku přichází ke slovu *karma jóga*. S její pomocí dokážeme touhu do velké míry překonat a připravit svou mysl na subtilní proces osvícení, který představuje nejvyšší cíl karma jógy. Jak však můžeme vidět, přínos karma jógy nespočívá pouze v její schopnosti připravit cestu k duchovní realizaci; sama o sobě poskytuje určité výhody, které lze získat ihned.

Karma jóga znamená „jóga činnosti[16]". Jedná se o metodu, jak vykonávat činnost tak, aby se stala prostředkem k poznání naší jednoty s vnitřní Podstatou (átmán). V Bhagavad-gítě mluví Šrí Krišna o karma józe často jako o budhi józe – józe intelektu. To proto, že není založena na konkrétním činu, ale na konkrétním mentálním postoji. Jakákoli aktivita – od venčení psa, přes provádění tradičního obřadu pudža k projektování mostu – je-li vykonávána se správným postojem, představuje karma jógu. a naopak, i ten nejsložitější védský rituál či charitativní činnost, pokud ji s tímto postojem neděláme, se stává obyčejnou prací.

Dva členové opoziční strany nastoupili do letadla do nedalekého hlavního města. Jeden si sedl k oknu, druhý na prostřední sedadlo. Těsně před odletem přistoupí do letadla člen vládnoucí strany a sedne si na sedadlo do uličky. Jakmile se letadlo dá do pohybu, zuje si boty, uvolní si prsty u nohou a chce si v klidu odpočnout, když se náhle zvedne člen opoziční strany sedící u okna a říká: „Asi si půjdu pro colu."

„V pohodě," odpoví člen vládnoucí strany. „V duchu služby naší vlasti, vám ji donesu." Jakmile se vzdálí, opoziční člen rychle zvedne jeho pravou botu a pořádně mu tam plivne.

Člen vládnoucí strany se vrátí s colou a druhý opoziční politik se nechá slyšet: „Jé, ta vypadá dobře, také si dám jednu." Člen vládnoucí strany opět poslušně odejde, aby vykonal službu vlasti. a samozřejmě, jakmile odejde, ihned mu naplivají i do druhé boty. Když přinese colu, všichni tři muži se pohodlně usadí na sedadlech a užívají si let.

Po přistání člen vládnoucí strany vklouzne do bot a ihned mu dojde, co se stalo. S jistým nádechem smutku ve svém hlase říká:

---

[16] Jóga, yoga pochází z kmenového termínu yuj – spojit; karma znamená činnost.

„Jak dlouho to ještě potrvá? To soupeření mezi našimi stranami? Ta nenávist? Nepřátelství? Plivání do bot a močení do coca-coly?" Z tohoto vtipu můžeme vidět, že dokud nejsme plně obeznámeni s celkovou situací, je naše chápání činnosti dost omezené. Jen pokud známe mentální postoj a skutečnou motivaci, s jakou byla činnost vykonána, můžeme určit, zda se jednalo o karma jógu.

Jak nám Amma často připomíná, výsledky jsou závislé na množství faktorů a naše činnost představuje pouze jeden z nich. Po přijetí této skutečnosti se v duchu karma jógy tedy soustředíme jen na konkrétní činnost a s vyrovnanou myslí akceptujeme jakýkoli výsledek. Právě tento postoj popisuje Krišna, když Ardžunovi radí, jak jednat:

karmaṇyevādhikāraste mā phaleṣu kadācana |

Hleď, abys vykonával svou povinnost;
ale nečiň si nárok na její ovoce.

Bhagavad-gíta, 2.47

Když se zamyslíme, vidíme, že výrok disponuje nepopiratelnou logikou. Jednání v souladu s ním nepředstavuje žádné hluboké spirituální hledisko, spíše se jedná o zdravý selský rozum.

Ukažme si to na příkladu pracovního pohovoru. Můžeme se připravovat několik týdnů, otázky a odpovědi nacvičovat s kamarádem, dokonale vybrat oblek a barevně jej sladit s kravatou i natrénovat bezchybný úsměv před zrcadlem. Koupíme si boty za tři tisíce korun, dva tisíce dáme vlasovému stylistovi – zkrátka v oblasti našeho jednání plánujeme, přemýšlíme, kalkulujeme, jak to jde; více či méně máme vše pod kontrolou. Když nám potenciální zaměstnavatel položí otázky, i v tomto okamžiku máme kontrolu nad tím, co řekneme. Jakmile však začneme mluvit, veškerá kontrola mizí; vědomá aktivita nás opustila a my se stáváme subjektem zákona příčiny a následku, který se řídí univerzálními

73

silami. Na základě předchozích pohovorů může mít zaměstnavatel dobrou či špatnou náladu. Naše odpovědi mohou v jeho mysli vyvolat pozitivní či negativní vzpomínky. Stát se může cokoli. Po odchodu z jeho kanceláře, nemá smysl si dělat starosti, protože není v naší moci ovlivnit, jak výsledek dopadne. Jakkoli se nyní budeme stresovat o osud našich odpovědí, nedokážeme změnit to, jak jsme zapůsobili.

Jakmile pochopíme, že ovládnout můžeme pouze průběh činnosti a nikoli její výsledek, přestaneme se strachovat, jak vše dopadne, a budeme se soustředit jen na optimální výkon. Takový člověk pracuje v duchu karma jógy. Životem proplouvá bez výraznějších stresů a v klidu setrvává v přítomném okamžiku.

Hlediska karma jógy

Jedním z jedinečných aspektů karma jógy je skutečnost, že ji lze provozovat v mnoha jemných variantách. Pokud dodržujeme její princip – „snaž se co nejlépe a akceptuj zbytek", můžeme ji přizpůsobit svému mentálnímu rozpoložení. Jedno oblíbené hledisko bere v potaz gurua či Boha jako mistra a nás jako jeho služebníka. Není však nutné být věřící – akceptujeme-li základní zákony činnosti, tj. že máme kontrolu nad tím, co děláme, ale nikoli nad výsledky naší snahy, tak karma jógu může provádět i ateista. Amma říká, „pokud člověk správným způsobem slouží společnosti, není důležité, zda věří v Boha či nevěří." Když svou pozornost zaměříme od výsledku práce na práci samotnou, získáme z karma jógy prospěch. V rámci uvedených parametrů si můžeme zvolit koncept, jaký chceme.

U Ammy lze vidět, že ve svém dětství vykonávala všechny domácí práce s představou, že je dělá pro Krišnu[17]. Veškerou

---

[17] Amma říká, že se narodila s jasným poznáním skutečnosti, že její Pravá Podstata je věčné blažené vědomí. Proto její motivace k provádění duchovní praxe – ať to byla karma jóga, meditace či kontemplace – sloužila a slouží jako příklad lidem, nikoli pro vlastní prospěch.

práci –zametání, vaření, obstarávání krav atd. – proto prováděla láskyplně, pečlivě a s odevzdáním. Vzpomínám si na jeden incident, který se udál před několika lety, kdy Amma pomohla novému *brahmačarinovi* (žákovi - učedníkovi) získat stejný přístup. Ten jednou během daršanu popisoval všechny druhy sévy, které dělá. Protože mu Amma osobně neřekla, aby tyto konkrétní práce dělal, chtěl se ujistit, že jde o činnost, kterou by mu určila. Během daršanu jí řekl vše, co v ašramu dělá. „Některou práci jsem si vybral sám," říkal. „Opravdu se jedná o věci, které Amma chce, abych dělal?"

Amma odpověděla kladně a aby to celé vyjasnila, pokračovala slovy, „to JÁ jsem ti řekla, že máš dělat všechny ty věci."

Po tomto daršanu byl brahmačari schopen vnímat všechnu činnost jako by mu ji Amma osobně přidělila a pracovat tak se správným přístupem.

Bhagavad-gíta zdůrazňuje přístup karma jógy konceptem, že veškerá činnost se má provádět jako jadžna – obětování Bohu jako výraz vděčnosti za vše, co nám v životě daroval. Když se nad tím zamyslíme, Bůh nám toho daroval mnoho, my však považujeme vše za samozřejmost.

Naše tělo, rodina, domov, mysl, smyslové orgány včetně celého vesmíru jsou dary, kterými nás Bůh požehnal. Prováděním činnosti na principu jadžny tuto skutečnost bereme na vědomí.

Jeden devotee mi vyprávěl něco, co s tím souvisí. Nedávno musel na operaci a týden strávil v nemocnici. Když ho propustili, prohlížel si nemocniční účet. Jedna z položek – 1500 dolarů – byla za kyslík. Řekl mi: „Swámidži, nikdy mě nenapadlo, že vzduch je tak drahý. Dýchám ho 24 hodin denně již 60 let, ale Bůh mi zatím ještě žádnou fakturu neposlal..." Měl pravdu. Na této zemi žijeme celý život a Bůh nám nikdy nepošle účet za pronájem. Ve skutečnosti všech pět elementů – prostor, vítr, oheň, voda a zem – patří jen Bohu. V tomto druhém případě tedy uznáváme uvedený fakt a svou práci provádíme jako malý důkaz naší vděčnosti za vše, co nám Bůh poskytuje.

Tradičně jadžna představuje způsob uctívání, kdy Bohu předkládáme různé obětiny – buď je vléváme do obětního ohně, nebo pokládáme k nohám obrazu či sochy. Když obřad skončí, část toho, co jsme obětovali, si vezmeme jako *prasád* (požehnanou obětinu). Tímto přístupem dokážeme každou naši činnost vnímat jako druh jadžny. Poté všechen výsledek naší snahy bude představovat Boží prasád. Amma ve skutečnosti říká, že pravé uctívání Boha nelze omezit na 20 minut denně, kdy se posadíme před oltář a nabídneme Mu květy. Náš celý život se musí stát uctíváním. Uctívání před oltářem představuje pouze symbol toho, jak má vypadat celý náš život. Při obřadu pudžy je vše v miniaturním provedení. Vše prostupující, všemocný Bůh je symbolizován malou soškou. Odevzdání všech činů je symbolizováno obětováním květů. Celý život v duchu uctívání je symbolizován provedením rituálu s koncentrací a láskou, který trvá dvacet minut. Amma uvádí: „Skutečným chrámem je vaše srdce, tam je místo, kde musíte vystavit Boha. Dobré myšlenky jsou květy, které mu obětujete. Dobré skutky představují uctívání. Hezká slova jsou chvalozpěvy a láska je obětí, kterou Bohu darujete." Jakmile vše v životě vidíme jako prasád pocházející od Boha, neexistuje pro nás stres, strach či nepokoj atd. z toho, jak daná věc dopadne. Jsme-li schopni vnímat vše jako Boží prasád, nikdy se neocitneme v depresi. Přijetím získáváme pokoj: To, co jsem obdržel, mi dal Bůh jako cenný dar, to samé platí o tom, čeho se mi dostává nyní a bude tomu tak i se vším, čeho se mi dostane v budoucnosti.

Hledisko intelektuálněji orientovaných duchovních zájemců se týká prostého pochopení toho, že pro poznání své vlastní Podstaty je nutné transcendovat vše, k čemu chováme náklonnost či naopak odpor. Hledající tak pochopí logiku výše uvedeného a přenese svou koncentraci od výsledků činnosti k činnosti samotné – to za účelem očištění mysli od přání.

Další možnost, kterou Amma často zmiňuje, říká, že se nemusíme považovat za toho, kdo činnost vykonává, ale za médium, pomocí kterého je činnost vykonávána. K těmto řádkům se Amma vyjadřuje následovně: „Když něco děláme, můžeme se vnímat jako nástroj v rukou Božích – jako pero v ruce spisovatele či štětec v rukou malíře. Naše modlitba má znít: „Pane, dej ať se stanu stále čistějším nástrojem ve Tvých rukou." Nástroj nemá vlastní názory či přání; provádí jen to, co žádá ten, kdo jím disponuje. Je-li naším zdrojem Bůh, pak naším jediným přáním bude, abychom žili podle *dharmy* – dělali práci, kterou nám určí náš guru a písma a vyvarovali se toho, co nám zakazují.

Ať je náš postoj jakýkoli, pokud to myslíme upřímně, tak ihned získáme relativní množství mentálního klidu. Z toho důvodu volí Krišna, když učí Ardžunu o principech karma jógy, následující slova: *smatvam yoga ucyate*[18] - „(Karma) jóga znamená vyrovnanost."

Pokud karma jogín zaujme uvedený přístup, tak jeho mysl po smyslových věcech netouží ani před nimi neutíká. Je tak v lepší pozici, aby mohl vidět život jasněji, tzn. reflektovat, hodnotit a racionálně analyzovat životní zkušenosti. Jakmile se tak stane, určité pravdy se pro něj stanou evidentními. Kamkoli se podívá, kdykoli jedná, kamkoli jde, tyto skutečnosti budou s ním. Uvedená zkušenost bude mít na jeho myšlení radikální a nezvratný vliv.

Podstata objektů

Jaké jsou tedy některé z oněch evidentních pravd? Nejprve začneme vidět, že veškerá životní dosažení jsou spojena s utrpením – co se týče dosahování, udržení a samozřejmě ztrácení. Za druhé zjišťujeme, že u veškerých objektů existuje možnost, že se na nich staneme závislými. a nakonec dojdeme k závěru, že žádný objekt neposkytuje skutečnou spokojenost. Jedná se o tři zásadní vady na kráse našeho úsilí, jak u vnějších objektů nalézt štěstí.

Kdykoli chceme něčeho dosáhnout, je nutná určitá oběť. Čím vyšší cíl, tím těžší k němu cesta. Vezměme si příklad, že chceme

---

[18] Bhagavad-gíta, 2.48

být zvoleni prezidentem. Pomineme-li veškeré úsilí, které předchází jen tomu, abychom se stali prvním stranickým kandidátem, tak musíme cestovat, dávat proslovy, mít se všemi trpělivost a ke všem být zdvořilí. V některých zemích musíte také vést diskuze, podávat ruce a dokonce líbat malé děti. Musíte si dávat pozor na každé své slovo, protože pokud se spletete jen jednou, vaši protikandidáti na vás nenechají nit suchou. Jeden člověk, který se angažuje v politice, mi nedávno prozradil, že během kampaně musí někteří členové dokonce brát léky, jinak by tak nabitý rozvrh nezvládli. Takže, co se týče dosahování cíle, nějaké úsilí a utrpení tam existuje.

Pokud pak máte dostatek štěstí a zvolí vás, musíte být ještě dravější: války, ekonomické problémy, civilní nepokoje, rozpočet... Všechna vaše rozhodnutí budou analyzována a pitvána a opozice je každým okamžikem připravena vás diskreditovat. Pokud nedostanete žaludeční vředy během voleb, pak vám je evidentně způsobí stres z možného odvolání. Nakonec volební období skončí, vy musíte navzdory veškerému úsilí odejít a máte z toho depresi. Nemusí se to týkat postu ministra či prezidenta, mnoho lidí má problémy opustit běžné zaměstnání, když odchází do penze. Chybí jim pocit smysluplnosti, který práce poskytovala. Takže ve zbavování se najdeme trápení také.

Další pravda, kterou poznáváme díky naší zvýšené schopnosti introspekce dané karma jógou, říká, že nic z toho, čeho dosáhneme, nás neučiní skutečně spokojenými. Není pravda, že jakmile nám zvýší plat, už pokukujeme po další prémii? Nejprve nám stačili přehrávače na kazety. Poté přehrávače cédéček. Pak jsme museli mít mp3 přehrávače. Pak přišel iPod...iPod Touch... iPhone... Předpokládám, že v době, kdy na trh přijde tato kniha, bude k dispozici něco zcela jiného. Technologie ani vědecký pokrok žádný problém nepředstavují. Pointa leží jinde. Popisuje naši představu, že spokojenost je vždy někde za rohem – až si dáme kafe, až mi zvýší plat, vdám se, budeme mít děti, vysněný dům, až budu v důchodu... To je však iluze. Žádný objekt nám neposkytne trvalou spokojenost.

Kdysi jsem četl esej, jehož autorem byl člověk, který překonal svou obsesi z automobilů. Popisoval, jak po koupi určitého vozu auto nově nastříkal a velmi pracně vyleštil. Vše pak opakoval. Vůz vypadal o něco lépe. Celý proces opět zopakoval a auto bylo ještě hezčí. Tak se rozhodl pro třetí nátěr. Čtvrtý... Pátý... Šestý... Po třiceti dvou nátěrech si onen muž uvědomil, že bude něco špatně. Mohlo to jít do nekonečna. S každým nátěrem se auto na slunci více lesklo. Říkal si, „když 32 nátěrů vypadá takhle, jak se auto bude lesknout, když jich udělám 132?" Pak zjistil, že má dvě možnosti: Svůj život věnovat dosažení nemožného nebo vůz prodat.

Uvědomění získané díky karma józe nám pomáhá vidět, jak marná je snaha nalézt spokojenost skrze materiální cíle a činnosti. Někdo to zjistí po dvou nátěrech, jiný po sedmadvaceti a další přidává nátěr za nátěrem, dokud nezemře – jen aby si své nátěry přenesl do dalšího života.

Nakonec karma jóga ukazuje, že se můžeme stát snadno závislými na jakémkoli objektu, ať se jedná o kávu, televizi, internet, mobilní telefony nebo pizzu... Jedno pravdivé rčení to vystihuje jasně: nejprve jsem to vlastnil já a nyní to vlastní mne.

Jeden učitel chtěl naučit svého žáka, jaká je podstata vlastnictví. „Můžeš si myslet, že vlastníš nějakou věc nebo nějakého člověka. V tu chvíli však ten člověk či ta věc vlastní tebe." Řekl mu. Nedaleko stál člověk a za sebou vedl uvázané tele. Učitel k němu přišel a tele odvázal. To se okamžitě dalo na útěk a onen člověk, jakmile to spatřil, začal zoufale utíkat za ním. Guru podotkl: „Vidíš? Kdo je uvázaný ke komu? Kráva byla ke svému majiteli přivázána provazem, ale majitel je ke krávě přivázán svou připoutaností."

Těmi nejmarkantnějšími příklady jsou bezesporu drogy a alkohol. Jakmile lidé začnou pít, nevyhnutelně končí tak, že bez alkoholu ztrácí schopnost prožívat štěstí. Stát se to může i u vztahu. Kolikrát jsme slyšeli, jak někdo po rozchodu říká, „nemohu prostě bez ní žít...“

Jakmile uvidíme zákonité nedostatky své snahy získat dokonalé štěstí skrze materiální objekty, pak všechny objekty začnou přirozeně ztrácet svou přitažlivost. Toto pochopení nazývá Védánta odpoutaností (vajrágja) a jak jsme probrali ve třetí kapitole, jedná se zásadní vlastnost každého, kdo touží po osvícení. Jak můžeme meditovat, studovat písma a věnovat se kontemplaci, nachází-li naše mysl velké zalíbení ve světských záležitostech? Dále, dokud nepociťujeme odpoutanost ke světským věcem, nikdy nezačneme hledat zdroj skutečného štěstí. Jen pokud máme pomíjivého plné zuby, může začít skutečné hledání něčeho stálého.

Vznik tohoto uvědomění a jeho následný vliv na člověka Amma poeticky popisuje ve svém bhadžanu *Isvari Jagad-Isvari*:

Viděla jsem, jak tento život světských radostí je plný trápení.
Nenechávej mne trpět jako bych byla můrou vrhající se do ohně.
Co vidíme dnes, zítra již nebude.
Ztělesnění vědomí, Tvé Boží hry.
To, co existuje skutečně, nemá zánik.
To, co má zánik, ve skutečnosti neexistuje.
Prosím, buď tak laskav a ukaž mi cestu k osvobození, věčný Bože.

U nás jako duchovních žáků by měla být vajrágja intenzivní. Uvedu názorný příklad. Ve třináctém století žil svatý muž jménem Sant Džnanešvar, který ve svém komentáři k Bhagavad-gítě uvádí, že bychom měli získat takovou nechuť ke světským objektům jako bychom cítili, kdyby nám někdo dal pod polštář kobru, nutil nás vstoupit do tygřího doupěte či do jámy s rozžhaveným železem (to jsou ještě ty mírnější příklady...). Princip spočívá ve skutečnosti, že v tomto stádiu duchovního života bychom neměli světské radosti vnímat jako bezcenné, ale jako smrtelně nebezpečné.

Podle svatých textů nastupuje skutečná vajrágja pouze tehdy, jsme-li schopni vztáhnout naše poznání ohledně nedokonalosti smyslových objektů, které jsme *zakusili,* na veškeré smyslové objekty – tedy i na ty, s nimiž tuto zkušenost zatím *nemáme.* Nemusíme sníst celou hromadu chilli papriček, abychom zjistili, že pálí...

Jednou žil jeden princ, kterého korunovali králem. Ihned po své korunovaci jmenoval ministrem svého dlouholetého přítele, který byl velmi chytrý. Králův první rozkaz zněl, aby ministr sepsal knihu, která by analyzovala celou doposud známou historii lidstva. Ministr se dal do práce. Za deset let přišel s padesáti svazkovým dílem, které podrobně popisovalo a vysvětlovalo všechny známé události, které se přihodily od vzniku prvního člověka. Král se zrovna nacházel ve své královské zahradě, po boku mu seděla královna a poslouchali serenády nejlepších hudebníků celé země. Jakmile spatřil padesát knih, protáhl se mu obličej a říká. „To je trochu moc. Nemůžeš to, prosím, nějak zkrátit?"

Ministr souhlasil a odešel. Za deset let se vrátil; tentokrát jen s deseti svazky. Král byl však opět velice zaneprázdněn, v zemi propukla epidemie a on se musel věnovat bezpečnostním opatřením. „Ale já mám tolik práce." Odpověděl ministrovi. „A stále je to moc dlouhé. Nemohl bys to ještě zmenšit?"

Ministr tedy opět souhlasil a odešel. Za pět let se vrátil, ale tentokrát měl s sebou jen jednu knihu. „Tady to je," řekl. „Jeden svazek, který obsahuje pouze základní fakta o lidské historii." Tentokrát však propukl mezi dvěma zúčastněnými subjekty konflikt a král musel situaci řešit. Pohlédl na tlustou knihu, pak na svého přítele a řekl, „omlouvám se, ale je to stále moc dlouhé. Nemám prostě čas. Ještě to, prosím, zkrať."

O rok později byl ministr s úkolem hotov. Celé dějiny nějakým způsobem redukoval do jedné kapitoly. Když ale vcházel do paláce, uviděl krále, jak právě vyráží do bitvy, protože sousední království začalo ohrožovat jeho území. „Není čas!" zavolal na něj v poklusu král. „Zkus to ještě zkrátit!"

Týden nato se ministr vypravil do královského ležení, jednu či dvě míle za přední linií. Nalezl zde smrtelně zraněného krále. Sklonil se nad svým umírajícím přítelem – který vypadal tak chatrně, znaven životem – a řekl: „Už to mám, můj pane. Je to na jednu stranu."

Král pohlédl na ministra, „Je mi líto, můj dobrý příteli; ale každým okamžikem teď očekávám konec. Rychle, prosím, než zemřu, řekni mi podstatu toho, co ses za všechna ta léta svého studia dozvěděl."

Ministr souhlasně pokýval a se slzami v očích prohlásil. „Lidé trpí."

Dějiny jsou toho důkazem. Ještě nikdo nic nedokázal, aniž by nemusel podstoupit bolest, která tomu předcházela. Žádný smyslový objekt nikdy nikomu neposkytl trvalé uspokojení. a nikdo nikdy nezískal z nějaké věci štěstí, aniž by dokázal nestát se na ní závislým. Některým z nás to dojde rychle, některým to trvá celý život.

Mnoho lidí má za to, že jim uspokojení poskytnou školy, ale nefunguje to. Tak hledají štěstí v kariéře, což také nefunguje. Poté tedy vyzkouší manželství, a samozřejmě nefunguje ani to… Mnoho lidí si pak myslí, že je to určitě tím, že nenašli toho *pravého* partnera… Tak se ožení podruhé… potřetí… počtvrté. Někteří během svého hledání vyzkouší i různé národnosti – amerického partnera, indického, německého, japonského… svatí a moudří lidé nám však říkají: „Vstupujte do manželství, pokud chcete, ale nehledejte v něm uspokojení. Ve všech třech světech neexistuje nic, co by vám jej mohlo přinést. Chcete-li uspokojení, musíte se obrátit do vašeho nitra."

Jak bylo stručně naznačeno v předchozí kapitole, k překonání toho, co máme a nemáme rádi, nemá dojít potlačením. Svatí a moudří lidé vědí, že potlačení nikdy nefunguje; naopak může končit zhroucením. Transcendence musí vzniknout jako důsledek správného uvědomění – jinými slovy se tomu říká sublimace. Jednou se za učitelem vydal jeho nový žák, aby mu přiznal, že stále myslí na ženy. Kdykoli si sedl k meditaci, v myšlenkách se mu začaly objevovat různé modelky a filmové hvězdy; neskutečně ho to rušilo. Guru tiše naslouchal žákovým stížnostem, ale nic mu neodpověděl. Další den jej však zavolal a podal mu malý tenký předmět zabalený do novin. Řekl, aby si žák balíček vzal, ve svém pokoji ho rozbalil a onu věc dal přesně na levou stranu od hlavního obrazu svého oltáříku. Žák si balíček vzal a následoval instrukce. Když však balíček rozbalil, spatřil obraz nádherné dívky se svůdným pohledem... Byl v šoku. Utíkal zpět za guruem: „Co to je? Obrátil jsem se na tebe s důvěrou a ty si ze mě děláš tou fotkou ještě legraci! O co tady jde?" Vztekal se. Guru však neodpověděl; jen zavřel oči a začal meditovat. Žák se zlobil, ale posléze se uklidnil a začal uvažovat, „Tak, můj guru je osvícený mistr. Určitě to dělá pro mé dobro. Třeba na tom něco bude." A položil obrázek vedle svého hlavního Božstva.

Nyní, kdykoli si žák sedl ke své pravidelné meditaci, měl před sebou dva „bohy" – nekonečného Pána a svou filmovou krásku. Stále častěji shledal, že medituje na onu ženu. Představoval si, jak spolu cestují, vyprávějí si vtipy, navzájem si sdělují svá tajemství a mají svatbu. Každý den přišel s novým dobrodružstvím a žák se na svou pravidelnou meditaci těšil čím dál víc.

Avšak jednoho rána, když se ve své mysli procházel se svou novou nevěstou na pobřeží, pozornost jeho ženy najednou uchvátil neznámý krásný cizinec. Netrvalo dlouho a oba se začali scházet – a náš mladý žák zůstal úplně sám. Zkoušel se jí dovolat, ale nebrala mu telefon. Zůstal se zlomeným srdcem a cítil se zle. Nakonec se mu jeho žena ozvala – s žádostí o rozvod... Žák si představoval rozvodové stání. Jeho bývalá jej obrala o vše, co měl a on skončil zcela bez peněz, citově frustrovaný a sám.

Najednou žák otevřel oči a vrátil se zpět do reality. Jeho zrak padl na oba obrazy na oltáříku. Pozoroval je vedle sebe a uvědomil si dokonalost a nesobeckost Boží lásky a egoizmus lásky světské. Uviděl, že obrázek, který mu daroval jeho učitel, neměl nic do činění s nějakým vysmíváním a že učitel naopak jednal z nejvyšší roviny soucítění. Zvedl se a padl svému učiteli k nohám.

Guru nechtěl, aby žák své myšlenky na ženy *potlačil*. Chtěl, aby je *transcendoval* díky pochopení, na jakém principu funguje světská láska. Tím, že ho přiměl dát oba obrázky vedle sebe, umožnil žákovi srovnání a nakonec, odpoutání.

Žák v tomto příběhu ale patřil mezi ty nejlepší. Byl schopen získat odpoutanost pouhou mentální kontemplací. Nebylo nutné, aby svou touhu uskutečnil na fyzické úrovni. Všichni však tuto schopnost nemáme. Když touha přijde, měli bychom se snažit jí zbavit za pomocí našich rozlišovacích schopností. Pokud nás však nepřestane rušit, možná si ji budeme muset splnit. Dokud jsou naše přání v souladu s dharmou, není v tom nic špatného. Když si budeme své touhy plnit, měli bychom si ale uvědomovat, že náš vytoužený objekt má svá omezení – a díky tomu získat mentální sílu k jeho transcendenci. Jakmile je naše pochopení správné, afinita ke světským radostem a touhám přirozeně skončí. Jak říká Amma: „V řece se nekoupete navždy; koupete se, abyste z řeky vystoupili čistí a svěží.“

V souvislosti s těmito řádky existuje v Mundaka upanišádě následující verš:

parīkṣya lokān karma-citān
brāhmaṇo nirvedamāyāstyakṛtaḥ kṛtena |

Po vyzkoušení a nazření nedostatků všeho, čeho lze pomocí činnosti dosáhnout, po poznání skutečnosti, že nic věčného nelze činností získat, moudrý člověk překonává činnost[19].

Mundaka 1.2.12

---

[19] „Činnost" zde znamená sobecké počínání, nikoli nezištnou činnost prováděnou jako součást duchovní praxe za účelem kultivace mysli.

Takže, dokud nám to nebude jasné, máme si svět zažít na vlastní kůži, říkají svatí. Jděte, vyzkoušejte radosti a pohodlí světa a pozorujte, co vám může nabídnout. Zkuste si to sami. Jakmile ale jednou uvidíte, jaké nedostatky světské štěstí přináší, uvědomte si, že ty stejné nedostatky se týkají všeho vnějšího. Nemusíte je zkoušet všechny. Pak ukončete své aktivity směřující k vnějšímu štěstí a vydejte se na cestu k poznání své Podstaty – skutečného zdroje vší blaženosti. I poté budete pracovat (konec konců jíst musíme stále…), ale spojování naší činností se štěstím se v naší mysli přeruší. Od sobecky motivované činnosti se tak dostaneme k nezištnému jednání.

Výhody karma jógy

Lhostejnost ke světským cílům či objektům a snaha o zažehnutí zájmu o duchovní poznání představují hlavní smysl karma jógy. Jak je však zmíněno v nadpisu této kapitoly, jsou zde určité výhody, které má karma jóga sama o sobě. Jedná se o konkrétní progresivní přístup, jenž může zastávat i tzv. „nespirituální" člověk.

První výhodou karma jógy je to, že nám prakticky pomáhá, abychom pracovali lépe. Vezměme si příklad pracovního pohovoru ze začátku této kapitoly. Tím, že člověk pochopí, že může ovlivnit jen své jednání a nikoli výsledek, stává se jeho koncentrace stabilní. Stoprocentně se soustředí na výkon – v tomto případě na poslouchání, přemýšlení a formulaci odpovědí. Člověk s neroztěkanou pozorností zjevně podá lepší výkon než ten, kdo se nesoustředí. Budeme-li se obávat, jak na našeho potencionálního šéfa zapůsobila první odpověď, nedokážeme se správně soustředit na jeho druhý dotaz.

Nikde jinde se tato skutečnost neshledává s větším souhlasem než ve sportovním světě. Roku 2000 napsal sportovní psycholog H. A. Dorfman knihu s názvem „Mentální abeceda nadhazování: Učebnice pro větší efektivitu", kterou četli i chválili všichni profesionální baseballoví nadhazovači. Dorfman zde píše, že při nadhazování se má myslet jen a pouze na tři věci: druh nadhozu, směr nadhozu a rukavici chytače, jeho cíl[20]. Pokud se sportovec přistihne, že myslí ještě na něco jiného, má se zastavit, vyčistit si hlavu a teprve pak pokračovat.

Nakonec Dorfman konstatuje, že nadhazovač nemá svůj výkon hodnotit podle toho, jak dobře pálkař jeho nadhozy odpálí, ale podle toho, jestli jeho nadhozy byly takové, jaké je chtěl mít.

Proč se sportovcům najednou „roztřesou kolena"? Protože se soustředí na možnost prohry. Většina z nás si asi vzpomene na situaci z dětství, kdy jsme něco hráli a poslední nejdůležitější část zápasu či hry nás natolik znervóznila, že jsme zpanikařili a zkazili to. Nejlepší příklady můžeme najít u basketbalu. Když je hráč faulován, má často příležitost ke dvěma trestným hodům. Pro profesionálního basketbalistu je trestný hod relativně snadná věc. Při trestném střílení má k dispozici dva pokusy ve vzdálenosti asi 4,5 m od koše, k němuž stojí čelem a nikdo mu nebrání. Průměr NBA (Národní basketbalové ligy) je zhruba 75 procent. Jak ale vypadají vypjaté situace? Když se například skóre obou týmů poslední dvě minuty zápasu neliší více než o tři body? Tlak je cítit mnohem víc. Proč? Jedná se o ten samý hod; neměl by v tom být rozdíl. Když však své mysli dovolíme, aby se místo na samostatný hod soustředila na jeho důležitost, náš výkon tím utrpí. Podle statistik NBA (2003 – 2006) je průměrná úspěšnost těchto „infarktových" situací na 2,3 procentech. Sečteno a podtrženo, lépe pracujeme, když se soustředíme na činnost a nikoli na výsledky.

Tím nechci říci, že výsledkům nemáme věnovat pozornost. Když přijdou, měli bychom je klidně a logicky zhodnotit. Na základě našeho hodnocení – co bylo špatně, co dobře atd., můžeme svůj výkon pro příště změnit.

Další výhodou karma jógy je, že nám ukazuje, jak se radovat ze života. Všichni jsme více či méně pořád zaneprázdnění. Hlavní

---

[20] U kriketu se jedná o výběr míče, čáru a délku a brankové kolíky.

výsledky naší činnosti přichází však jen občas. Když se soustředíme na práci samotnou, můžeme se radovat přímo z ní – z klidu a radosti nad myslí ponořené do své činnosti. Například mytí nádobí. Pokud se naše mentální koncentrace soustředí na to, jak budou všechny talíře čisté a suché zpět ve skříni, budeme mít radost a klid až když do police uložíme poslední čistý a suchý hrnek. Když svou pozornost přeneseme na samotný průběh činnosti, radost potrvá po celou dobu naší činnosti. Jsem si jistý, že to známe všichni. Když se soustředíme na výsledek, je to domácí práce. Když se odevzdáme přítomnému okamžiku, vše se stane blaženou zkušeností – ať se jedná o mytí nádobí, kopání příkopu nebo žehlení.

V souvislosti s těmito řádky je nutno podotknout, že i když chceme mít radost ze smyslových objektů, které nám život přináší, musíme kultivovat alespoň relativní množství sebekontroly nad tím, co si přejeme. Jinak při radování se z jednoho smyslového předmětu, může touha po jiném objektu snížit naši koncentraci a předchozí radost částečně zkazit. Představte si, že jste na svatební hostině. Před vámi leží všechna vaše oblíbená jídla: rýže, *sambar, dál,* různé druhy lahodného kari, nakládané zeleniny, banánových lupínků, pudink atd. začnete jíst a okamžitě se přenesete do smyslového sedmého nebe... Najednou však zjistíte, že vám dochází cizrnové kari. Sice jíte dál, ale vaše mysl je nyní rozpolcená. Jedna její část se soustředí na to, jak zavolat číšníka, aby přinesl další porci. Z jídla máte sice pořád radost, ale ne z celého srdce, jako prve, když jste se na něj stoprocentně soustředili.

Když jsem přišel poprvé do *ašramu,* bylo nás tam jen pár. Vyjma doby, kdy Amma dávala daršan, jsme ji měli víceméně jen pro sebe. V souvislosti s tisíci lidmi, kteří za ní chodí dnes, je to dost zvláštní představa. U Ammy jsme mohli sedět celé hodiny a mluvit, jak nás napadlo, aniž bychom museli brát ohled na někoho jiného, kdo by si k ní chtěl také sednout. Vzpomínám si, jak mě jednou během Devi Bhava zavolala. Začala mluvit o různých věcech, odpovídala na otázky a projevovala mi velkou náklonnost. V jednom okamžiku položila mou hlavu na svůj klín a dovolila mi tak zůstat i při dávání daršanu. Myslím, že jsem tak mohl ležet asi hodinu... Hodnoceno z vnějšku – mohl jsem se nalézat ve větším ráji? Přesto se vyskytl problém: asi po třiceti minutách, když jeden brahmačari začal hrát na *tabla* (bubínky), zjistil jsem, že mám být na řadě já... V tu dobu mě hraní moc bavilo. Teprve jsem s tím začínal a mé nadšení tak bylo značné. Vždy jsme se s tímto brahmačarinem střídali (asi jsme spolu i *trochu* soutěžili). S hlavou u Ammy na klíně jsem začal přemýšlet: „To si ale dovolil hodně. Vždyť ví, že jsem na řadě já... Měl sem přijít a požádat mne o dovolení, zda může hrát." Netrvalo dlouho, a přestože má hlava ležela na nejklidnějším místě na celém světě, se moje mysl zcela soustředila na uvedeného brahmačarina a jeho hru na tabla. Když jsem ho poslouchal, představoval jsem si, že ten zvuk vydávám já – a místo na tabla bubnuji na jeho *hlavu*... Amma o tom samozřejmě věděla. Jakmile bhadžany skončily, naznačila mi, ať se zvednu a uvolním místo někomu jinému. Díky své velké touze hrát na tabla, jsem ztratil obojí – jak možnost hrát, tak radost z toho, že jsem blízko Ammy. Nyní mohu sebejistě prohlásit, že ničí hra na tabla u mne žádnou žárlivost nevyvolá, ale také dnes nemám příležitost, abych mohl nechat Ammě svou hlavu na klíně celou hodinu...

Z tohoto důvodu Amma říká, že skutečné peklo není fyzické místo, ale stav mysli. Stejně tak nebe. Mysl, která je zcela zbavená odporu i náklonnosti je šťastná kdekoli – ve fyzickém pekle či nebi. Podobně mysl plná nesplněných přání – je v pekle, i když fyzicky možná na nebesích.

V Gítě existuje známý verš, který popisuje další výhodu karma jógy:

nehābhikramanāśo'sti pratyavāyo na vidyate |

V karma józe se žádné úsilí neztratí; ani nemá žádný negativní dopad.

Bhagavad-gíta, 2.40

Pointa spočívá ve skutečnosti, že neuspějeme-li v nějaké činnosti, kterou provádíme v duchu karma jógy, nic neztratíme, protože se poučíme z vlastních chyb a naše mentální čistota se zvýší. Když však neuspějeme v práci, ve které se primárně soustředíme na výsledek, pak je naše ztráta totální. Představte si spisovatele, který stráví několik let psaním a editováním své knihy a nakonec zjistí, že ji žádný nakladatel nechce vydat. Pokud jediným středem jeho zájmu byla touha stát se slavným autorem, pak tedy stoprocentně neuspěl. Uvědomí-li si, že veškeré jeho úsilí za poslední roky přišlo v niveč, bude značně frustrován; a depresivní nálada mu ani nedovolí, aby se něco naučil. Kdyby však knihu psal dle principů karma jógy, získal by spoustu znalostí - o psaní, vydávání, lidské povaze a v podstatě i o sobě samém.

Práce v duchu karma jógy neprospívá pouze jednotlivci, ale i celé společnosti. Člověk s tímto přístupem se vždy snaží o dokonalé zvládnutí činnosti, proto pracuje nejlépe, jak dokáže. Dnes bohužel stále častěji převažuje pracovní morálka, jejíž motto zní: „Udělej co nejméně, ale získej co nejvíc."

Kdysi mi někdo sdělil seznam triků, jak vypadat vytíženě, i když neděláme de facto nic. Nejvíce se mi líbily následující tři: 1. Nikdy neuklízejte svůj pracovní stůl; nepořádek dělá dojem, že si nemůžete dovolit strávit čas něčím natolik bezvýznamným jako je úklid. 2. Nosíte-li brýle, nechte své staré brýle ležet na stole, bude to vypadat, že se ihned vrátíte. 3. Sežeňte si chránič krční páteře, nabarvěte jej barvou své kůže a při sezení můžete spát.

Lidé, kteří se zajímají jen o svou výplatní pásku, pracují nedbale, pospávají a obecně se flákají. Mají-li možnost, pak přichází pozdě, prodlouží si pauzu na oběd a končí o půl hodiny dříve. V mnoha kancelářích je to zavedená praxe.

Práce v duchu karma jógy byla rozhodujícím činitelem, který při katastrofě Tsunami odlišil humanitární činnost ašramu od pomoci zprostředkované vládou. Ašram se stal první organizací, která dokončila charitativní projekt na výstavbu domů dle vládních standardů. Vzpomínám si, že k rychlosti, s jakou práce probíhala, Amma poznamenala: „Brahmačarini pracovali ve dne i v noci. Amma často telefonovala člověku, který prováděl stavební dozor, aby se informovala, jak vše pokračuje. a nezávisle na tom, v kolik hodin mu volala – o půlnoci, ve dvě ráno, ve čtyři ráno... stále byl v práci. Chovají se tak i placení zaměstnanci? Ne, ti pracují jen osm hodin, z toho třikrát jí a dvakrát mají pauzu na čaj."

Představte si, že by celá planeta začala pracovat podle principů karma jógy. Že by celý svět pracoval nejen pro peníze, ale proto, že by svou činnost vnímal jako způsob uctívání. Míra produktivity a efektivity by byla neskutečná.

Pomineme-li fakt, že při překonání veškerého utrpení, které nastává duchovní realizací, představuje karma jóga zásadní krok, tak je zde ještě jedna výhoda – karma jóga nás zbavuje trápení ještě před osvícením. Jak je to možné? Podívejme se na následující verš z Bhagavad-gíty, kde Krišna vysvětluje, proč lidé pokračují ve špatném jednání, i když ví, že to není moudré.

kāma eṣa krodha eṣa rajoguṇa samudbhavaḥ |
mahā-śano mahā-pāpmā viddhyenam-iha-vairiṇam ||

Je to touha a vztek, které pramení z neklidu mysli;
poznej je jako neukojitelné, jako kořen všech hříchů
a největšího nepřítele na světě.

Bhagavad-gíta, 3.37

Jsou-li přání velmi silná, mohou nás dotlačit k sobeckému jednání, které může být i na úkor štěstí a klidu našich bližních. Podle zákonu karmy se nám také činy dříve či později vrátí v podobě negativních zkušeností. De facto veškeré nepříjemné okolnosti a bolestivé situace, jež momentálně zažíváme, jsou výsledkem nějaké egoistické činnosti v minulosti – v nynějším životě či dříve. Proč jsme jednali sobecky? Protože jsme neovládli svá přání. Díky karma józe máme své touhy přinejmenším pod kontrolou, než získáme sílu, abychom následovali dharmu. Tím se automaticky ocitneme na cestě, která nám do budoucna zabezpečí jen pozitivní karmu.

Z uvedených zkušeností lze vidět, že aplikace principu karma jógy nám v životě umožní nejen mentální kultivaci a tím i cestu k osvícení, ale poskytuje i spoustu konkrétních výhod: pomůže nám milovat život, poučit se z něj a vracet mu více, než kdykoli dřív.

I když všechna činnost může (v případě duchovního žáka musí) být prováděna v duchu karma jógy, Amma tento postoj zdůrazňuje zejména v případě nesobecké služby – sévy. Veškeré aktivity lze v podstatě rozdělit do tří kategorií: *niškama, sakama* a *nisidha* - což znamená nesobecká činnost, činnost na základě našich osobních preferencí a činnost zakázaná, protože ubližuje nám, společnosti či přírodě. Jakmile si uvědomíme, že činnost je zakázaná, měli bychom s ní přestat; jinak si můžeme být jisti, že bude mít negativní důsledek. Duchovní žák musí skoncovat nejen se zakázanou činností, ale měl by postupně přestat i s veškerou sobeckou aktivitou a nahradit ji činností nezištnou.

Na začátku Amma doporučuje, abychom strávili 30 minut denně tím, že budeme pracovat pro druhé. Může se jednat o dobrovolnou práci nebo věnování určité finanční částky, obojí nás povede správným směrem. Časem, podle okolností, můžeme podíl nesobecké činnosti zvýšit. Počátečních 30 minut tak může představovat začátek pozvolné transformace. Mnoho lidí shledává, že je taková práce začne bavit a věnují se jí i po svém odchodu do důchodu, aniž by si jen užívali volného času. Naše sobecká přání jsou postupně nahrazena touhou po kultivaci psychiky nebo přáním pomáhat svým bližním. Tato touha je na rozdíl od sobeckých přání prostředkem k osvobození; pro duchovní aspiranty nepředstavuje žádné úskalí, ale výhody, které je nutné hledat a podporovat. Jedná se o touhu, která pomůže odstranit všechny jiné.

Kapitola šestá

Rozšiřujeme svůj pohled

Musíme se snažit vidět každého jako Boha.

–Amma

V SOUVISLOSTI S KARMA JÓGOU mluví písma o pěti způsobech uctívání, které bychom měli všichni během svého života absolvovat. Nazývají se *panča mahá-jadžna* – pět hlavních forem uctívání. Ať jsme si toho vědomi či nikoli, tak díky duchovním a společenským aktivitám, které ašram zastupuje, je náš život veden v souladu s dávnými tradicemi, které rozšiřují naše uvědomění. Všechny uvedené tradice představují ideální půdu, kde praktikovat principy karma jógy.

První jadžna se jmenuje Brahma jadžna (někde nazývaná Rši jadžna). Jedná se o vyjádření vděčnosti vůči všem dávným mistrům, kteří nám ukazovali cestu, jak se zbavit utrpení. Provádíme ji tak, že se učíme a propagujeme učení našeho gurua a písem. Jak Amma konstatuje: „Jedním ze způsobů, jak vyjádřit svůj vděk osvíceným mistrům, je praktikování toho, co nás učili a předávání tohoto poznání ostatním." Duchovní mistři ve skutečnosti nijak netouží po tom, abychom je uctívali nebo jim vzdávali úctu – tím, že našli dokonalé naplnění sami v sobě, jsou úplní a nikoho nepotřebují. Brahma jadžna přináší užitek tomu, kdo ji provádí, společnosti a celému stvoření. Ten, kdo studuje písma, se naučí vše o životě a o tom, jak harmonicky vycházet se svými bližními i s přírodou. Dále, když sdílíme s druhými to, co jsme se naučili, pak naplňujeme i jejich právo na uvedené poznání. Kdyby všichni

nechali svou duchovní moudrost zaniknout se svou smrtí, pak by budoucí generace neměly velkou naději. Jako děti Ammy se všichni pravidelně této jadžny účastníme. Posloucháme její přednášky, čteme její knihy a snažíme se vše aplikovat v praxi. Chce-li někdo přednášet o Ammě na veřejnosti, měl by se sice předem zeptat, co mu guru řekne, ale všichni můžeme sdílet své zkušenosti o tom, jak nám Amma v životě pomohla, zeptá-li se nás někdo. To vše je Brahma jadžna. Déva jadžna představuje uctívání Boha. Veškeré naše mantrování, meditace, zpívání bhadžanů atd. spadá pod tento způsob uctívání. Konkrétně se tato jadžna týká uctívání Boha v podobě pěti elementů a přírodních sil. Podle písem jsou všechny přírodní síly a živly prostoupeny vědomím a díky tomu se říká, že stojí pod nadvládou určitých nižších božstev – dévata. Celé stvoření je tak pojímáno jako fyzické tělo Boha – uctíváno, respektováno a vzdává se mu dík. Roku 2007 se na své pařížské přednášce *„Soucítění: Jediná cesta k míru"* Amma vyjádřila následovně: „V minulosti nebylo nijak nutné zabývat se environmentální ochranou a udržitelností, protože ochrana přírody byla součástí uctívání Boha a života jako takového. Lidé se tak nezabývali tolik „Bohem", ale milovali a pomáhali přírodě i společnosti. Stvořitele vnímali skrze vše stvořené. Milovali, uctívali a chránili přírodu jako viditelnou součást Boha". Jakmile budeme vnímat vítr, déšť, slunce, zemi atd. jako manifestaci Nejvyššího, přirozeně je budeme ctít a respektovat. Nikdo, kdo skutečně vnímá řeku jako Varuna Devi (vodní božstvo), do ní nevypustí toxický odpad.

Již mnoho let při obřadu *pudža*, který předchází Devi Bhava, nás Amma žádá, abychom se modlili za mír ve světě. Říká, že příroda je neklidná a pouze chladný vánek Boží milosti dokáže rozehnat temná kupící se mračna. Říká, že příroda je rozrušená, protože lidé nežijí harmonicky s okolním světem. Podíváme-li se na veškeré nynější přírodní katastrofy, je nám jasné, že se jedná o výsledek lidského vykořisťování přírody. Amma zdůrazňuje, že příroda reaguje a ničí lidstvo pomocí stejných elementů, které mají lidem pomáhat. Vítr, který nás má osvěžit, roznášet semena a déšť, se nyní objevuje v podobě hurikánů a tornád. Slunce, jehož úkolem je poskytování tepla nyní září příliš, což vede k rozpouštění ledovců. Voda, ve které se můžeme mýt a která nás živí, mizí ze studen a vrací se v podobě vln tsunami. Ta samá země, která vše podepírá, se třese při zemětřesení.

Pitr jadžna znamená vzdávání úcty a vzpomínání na naše zesnulé předky – bez kterých bychom se nikdy nenarodili. Tuto jadžnu však můžeme pojmout jako akt, kdy s úctou a respektem jednáme se všemi žijícími seniory a staršími lidmi v našem příbuzenstvu. Konec konců všechna písma konstatují:

mātṛdevo bhava | pitṛdevo bhava |

Nechť je tvá matka pro tebe Bůh.
Nechť je tvůj otec pro tebe Bůh.

Taittiriya upanišáda, 1.11.2

Jaký má smysl, když sice s úctou vzpomínáme na naše zesnulé prarodiče, ale nadáváme a s despektem jednáme se svými žijícími rodiči? Jak Amma tvrdí: „Děkujeme-li našim předkům za lásku a péči, kterou nám poskytli, dáváme tak příklad i svým dětem. Když ony vidí, jak respektujeme a milujeme své rodiče, budou to samé cítit k nám."

Amma vždy říká dětem, že před tím, než jdou z domu někam ven, mají vzdát úctu svým rodičům. V Indii to znamená poklonit se a dotknout se jejich nohou, v jiných kulturách to lze provést jinak. Obecně platí, že před tím, než děti odjedou do školy, měly by se s rodiči rozloučit atd. Ve školách, které nechala Amma zřídit, se každým rokem slaví jeden den, kdy se shromáždí všechny matky, kterým pak jejich děti provedou obřad *pada pudža* – ceremoniální omytí nohou. Neměli bychom podceňovat vliv takového rituálu na mysl dětí (a rodičů), který jim pomáhá uvědomovat si Boha v každém aspektu stvoření. V neposlední řadě se snažíme žít s poznáním, že celé stvoření je manifestací Nejvyššího. Existuje lepší způsob, jak s tímto pochopením začít, než u svých rodičů, kteří jsou alespoň v relativním smyslu našimi stvořiteli a zachovateli? Tento postoj však bohužel mnoho lidí ztrácí. Jakmile rodiče zestárnou, pošlou je do domova důchodců – kde za nimi jednou měsíčně přijdou na hodinovou návštěvu. To je poměrně značný odklon od védské moudrosti, která proklamuje, abychom v nich viděli Boha.

Čtvrtá jadžna se jmenuje Bhúta jadžna a popisuje náš vztah k rostlinám, zvířatům atd., v nichž máme vnímat Boží rozměr. V souvislosti s touto jadžnou je dobré si uvědomit, jak jsme na zvířatech a rostlinách, se kterými na této zemi žijeme, závislí. Bez flóry a fauny bychom neměli co jíst. I zachování kyslíku je možné pouze díky fotosyntéze, kterou vytváří rostlinná říše.

Amma často hovoří o současné environmentální krizi, které naše planeta čelí. Vysvětluje například, jak chemické fertilizéry ničí populaci včelstev. „Včely hrají zásadní roli v udržení přírody a společnosti. Opylují rostliny, které nám dávají ovoce a obilí. Stejně tak má lidstvo prospěch z každého jednotlivého zvířete. Přežití všech bytostí na zemi je vázáno na jejich vzájemnou koexistenci. Když je motor letadla poškozen, letadlo nemůže létat. Když je poškozen pouze jeden malý zásadní šroubek, pak letadlo také nemůže letět. Stejně tak i ten nejnepatrnější živý tvor zastává důležitou roli. Všechny žijící bytosti potřebují naši pomoc také – aby mohly přežít. Máme za ně odpovědnost."

Nakonec je zde Manušja jadžna, občas nazývaná jako Nru jadžna. Jedná se o respektování našich bližních jako projeveného aspektu Boha. Tradičně jedním ze způsobů, jak se tato jadžna prováděla, byl akt nabídnutí pokrmů a oblečení jakémukoli neočekávanému hostu, který k nám náhodou přišel, zejména těm, kteří vykonávali náboženskou pouť a potřebovali nocleh. Po celé Indii se ještě stále můžeme setkat s mimořádnou otevřeností a pohostinstvím vůči hostům. Jedná se o skutečnost, kterou popisuje mnoho cizinců, kteří tuto zemi navštíví. V souvislosti s Manušja jadžnou je vhodné si uvědomit, jak jsme svým bližním zavázáni za vše – od jídla, které se dostane na náš stůl, přes elektřinu, která nám svítí až k obuvi, kterou nosíme na nohou. Řekl bych, že ze všech pěti forem uctívání, klade Amma největší důraz na Manušja jadžnu. Říká: „Amma si přeje, aby všechny její děti věnovaly svůj život tomu, aby po světě šířily lásku a mír. Skutečná láska a oddanost k Bohu se projevuje soucítěním s chudými a trpícími. Děti, dejte jídlo těm, kteří mají hlad, pomáhejte chudým, utěšujte trpící, uklidněte ty, co jsou v nesnázích; pomáhejte všem." Při oslavách svých narozenin vždy říká, že je mnohem raději, když se devotees angažují v pomoci druhým, než kdyby jí obřadně omývali nohy. A přesně to se děje. Ašram zřizuje dětské domovy, nemocnice, hospicy, má projekty na domovy pro bezdomovce, penzijní programy, stipendia pro děti z chudých rodin, poskytuje pomoc při přírodních katastrofách… to vše jsou podoby Manušja jadžny.

VYKONÁVÁME-LI uvedené jadžny, je důležité si uvědomit, čím se odlišují od běžné pomoci. Tímto faktorem jest pochopení, že uctíváme Boha. Jak píše ve svém pojednání Upadeša saram Ramana Maharishi:

jagata īśadhī yukta-sevanam |
aṣṭa-mūrti-bhṛd-deva-pūjanam ||

Pomoc světu s postojem, že sloužíme Bohu, je
(skutečným) uctíváním Boha, který je zosobněním
osmera forem.

Upadeša saram 5

„Osmero forem" představuje pět elementů (éter, vítr, oheň, vodu a zemi), slunce, měsíc a všechny bytosti. Takže situace nevypadá tak, že pomáháme svým bližním, zvířatům a rostlinám proto, že to Bůh *chce*, ale proto, že si uvědomujeme, že oni *jsou* Bohem. Za prohlášením *nara séva narájana séva* („pomoc lidem je službou Bohu") stojí právě tato skutečnost. Podobně chápeme, že řeky, zvířata a stromy jsou rovněž manifestací Nejvyššího[21]. Stejně tak naši rodiče. Tento postoj je důležitý proto, že nám pomáhá získat nejen mentální čistotu, ale naši mysli poskytuje expanzivitu – a postupně ničí omezení, které dáváme svým konceptům ohledně toho, jak vypadá svět a Bůh.

Zde je příklad, jak to funguje v souvislosti s Bhuta jadžnou – uctíváním Boha skrze ochranu fauny a flóry. V některých školách, které Amma nechala zřídit, se zavedla praxe, že každé dítě zasázelo pod dohledem učitele jednu rostlinu – sazenici stromku. Děti rostliny pojmenovaly a denně je obřadně zalévaly. Učitelé se pak zmínili o jedné velmi hezké věci. V době, kdy dětem začínají prázdniny, mnoho z nich přichází k rostlinám a říká: „Během prázdnin zde nebudu, abych ti nosil vodu. Ale nebuď smutná. Za dva měsíce se vrátím." Nikdo dětem neřekl, aby k rostlinám takto promlouvaly; dělaly to přirozeně. Jakmile je zasázely a denně zalévaly, spontánně si k nim vytvořily vztah. Některé děti napsaly i dopisy, které na rostliny pověsily, se slovy: „Kdyby ti bylo smutno, přečti si můj dopis." Děti si tak svým celým životem ponesou poznání, že stromy nejsou inertní předměty, ale cítící bytosti, které mají pocity. Vize těchto dětí týkající se světa, v němž žijí, se začala rozšiřovat. Nakonec mohou dojít k poznání, že celý vesmír je živoucím Bohem – vesmír uvnitř i vesmír vně. Pokud provádíme tyto panča jadžnas správným způsobem, pomohou nám spatřit sama sebe v druhých a druhé v nás. Toto poznání představuje skutečnou transcendenci.

---

[21] Dle komentáře Adi Šankaračarji k Višnu Sahasranámam, slovo nárajana samo o sobě představuje tuto skutečnost. *Nara* znamená *átma* (Podstatu); proto (podle sánskrtské gramatiky) *nára* představuje „důsledek átmánu" – tj. pět elementů, ze kterých se skládá vesmír. *Ajana* znamená „domov". Proto nárajana představuje „ten, jehož domovem je pět velkých elementů".

Kapitola sedmá:

Kultivace božských vlastností

„Děti, Bůh nám daroval důležité schopnosti,
abychom byli jako on. Láska, krása a veškeré
božské kvality existují uvnitř nás. Své schopnosti
bychom měli využít k tomu, abychom tyto božské
kvality dokázali v našich životech projevit."

–Amma

KAŽDÉ NÁBOŽENSTVÍ UVÁDÍ, jak je důležité kultivovat dobré vlastnosti – být slušný, říkat pravdu, nekrást atd. Ve zkratce jde o to, že máme dodržovat zlaté pravidlo „chovejte se k druhým tak, jak chcete, aby se oni chovali k vám". V té či jiné podobě se uvedené pravidlo nachází ve všech svatých textech všech světových náboženství včetně hinduizmu, kde při výuce Judhišthiry Brhaspatim v eposu Máhábhárata, učitel jednotlivých božstev (*dévatas*) říká:

na tat parasya saṁdadhyāt pratikūlaṁ yadātmanaḥ |
eṣa saṁkṣepato dharmaḥ kāmādanya pravartate ||

Nikdo by nikdy neměl nikomu činit to, co by považoval
za nepříjemné sobě samému. Tak zní v krátkosti pravidlo
dharmy. Jiné chování (než toto) vzniká na základě
sobeckých přání.

Máhábhárata, 13.114.8

Zušlechtění charakteru hraje důležitou roli nejen v nastolení harmonické společnosti, ale i v nastolení harmonie v každém člověku. Písma ve skutečnosti stále opakují, že bez kultivování charakteru nemá duchovní aspirant velkou naději na úspěch:

nāvirato duścaritānnāśānto nāsamāhitaḥ |
nāśantamānaso vā'pi prajñānen-ainam-āpnuyāt ||

Ten, kdo neupustil od špatného jednání, jehož smysly
nejsou ovládnuty, jehož mysl není soustředěna, jehož
mysl není prosta úzkosti, nemůže realizovat tuto
Podstatu pomocí poznání.

Katha upanišáda, 1.2.24

Písma uvádí bezpočet vlastností, které by se měly rozvíjet. Příčinu můžeme nalézt ve vyčerpávajícím studiu lidské osobnosti – s veškerými jemnými aspekty – které svatí lidé a mudrci absolvovali. Rozsáhlá terminologie sánskrtu je důkazem, jak přesné a podrobné analýzy byli tito dávní indičtí mudrci schopni. Všimněme si, kolik jen existuje různých termínů pro slovo „utrpení" – a všechny popisují určité jemné podoby zoufalství. Kolik je stanoveno různých druhů pýchy. Kolik podob lásky... Dávní mudrci analyzovali dokonce lidský úsměv – to na šest různých druhů. Jen ve třinácté kapitole Bhagavad-gíty Šrí Krišna vyjmenovává více než 20 vlastností, které by měl získat upřímný zájemce o duchovní cestu.

V této kapitole se budeme soustředit na některé z kvalit, které Amma považuje za klíčové – zejména se jedná o kultivaci trpělivosti, nevinnosti, pokory, bdělosti a soucítění. Jakkoli jsou tyto a jiné vlastnosti univerzální, můžeme si všimnout, že různá písma a různí učitelé vždy zdůrazňují určité konkrétní kvality proti ostatním. Možná to vyplývá z aktuální společenské situace či určitého myšlenkového ladění jejich devotees a žáků. Ať je tomu jak chce, Amma říká, že na počátku stačí, když se soustředíme na rozvoj jedné pozitivní vlastnosti: „Prostě si jednu vyberte a s maximální vírou a optimizmem ji následujte; další vlastnosti se automaticky přidají."

Na vysvětlenou uvádí příběh o ženě, která vyhraje v loterii jako první cenu nádherný nový křišťálový lustr, který doma pověsí do svého obývacího pokoje. Začne se kochat jeho krásou, když si najednou všimne, že stěny obýváku jsou vybledlé a v kontrastu k novému světlu vypadají špinavě. Rozhodne se tedy, že nově vymaluje. Když je hotova, tak najednou uvidí, že má špinavé záclony – ty tedy sundá a vypere. Poté si uvědomí, že koberec na zemi je místy prošlapaný, tak jej vymění za nový. Výsledek bude, že pokoj vypadá zcela nově. To, co vyústilo v úplnou proměnu domova, začalo nejprve jednou malou změnou – novým lustrem.

Koncept, který Amma zastává, můžeme pochopit i na příkladu fyzického cvičení. Řekněme, že někdo zjistí, že má hodně špatnou kondici a chce začít s cvičením. Začne tedy každý den dělat kliky. Denně jich udělá co nejvíce. Asi po měsíci se začne cítit skutečně jinak, a když se podívá do zrcadla, vidí, jak mu zesílila ramena a hrudník. Jeho bicepsy však ve srovnání s rameny vypadají ještě menší. Vezme si tedy činky a do svého cvičení zahrne posilování na paže. Chce rovněž zlepšit své břicho, takže začne provádět sedy-lehy. Potom ještě zapracovat na nohách... a za rok ho již skoro nepoznáte; stal se z něj Arnold Schwarzenegger...

Uvedený vývoj vznikl na základě rozšíření chápání. Kultivujeme jednu pozitivní vlastnost a najednou se ukážou naše negativní kvality. Dříve jsme sice věděli, že tam negativní kvality existují, ale příliš jsme se o ně nestarali – protože nás nenutily, abychom se na ně dívali moc často. Byly evidentní pro druhé – naši rodinu, přátele, kolegy – ale my jsme je díky malému uvědomění nevnímali.

V písmech se pozitivní vlastnosti nazývají termínem *daivi sampat* – božské kvality[22]. Negativní vlastnosti jsou pojmenovány

---

[22] Termín „božské" proto, protože jejich rozvoj napomáhá při realizaci naší Boží Podstaty.

jako *asuri sampat* – démonické kvality. Ve své podstatě nejsme ani dobří ani špatní; jsme jakýmsi substrátem vědomí, na kterém se tyto duality manifestují. Jelikož je však mysl matérie, bude vždy zaujímat tu či onu vlastnost. Kdyby nebyl den, byla by pouze noc. Obecně lze říci, že pokud jedna dobrá vlastnost chybí, najdeme místo ní její protiklad. Například, pokud nebudeme soucítit, vznikne v nás něco jiného než apatie? Pokud někdo není nesobecký, musí být egoista. Není-li trpělivý, bude netrpělivý. Kvalitu naší mysli můžeme ovládat. Můžeme buď dovolit, aby získala negativní charakter, nebo ji můžeme kultivovat tak, že bude zářit boží nádherou.

Uvedený koncept můžeme najít v dávných indických legendách. V jedné z nich existoval mudrc Kašyapa, který měl dvě manželky. Aditi a Diti. Aditi porodila adityas (nižší božstva) a Diti se narodili démoni (daityas). Tato alegorie symbolizuje, jak je každý jednotlivec na základě kvality své mysli schopen dobra či zla.

Jen proto, že určitá vlastnost – božská či negativní – nezíská příležitost, abych se mohla projevit, neznamená, že v konkrétní lidské psychice neexistuje. V lidském podvědomí vždy jedna část spektra všech vlastností existuje a nastanou-li adekvátní podmínky, projeví se. Král, na kterého musí vždy všichni dlouho čekat, nemá mnoho příležitostí, jak demonstrovat svou trpělivost či netrpělivost. Nechejte ho však čekat na jídlo a uvidíme, jak se nám ukáže. Podobně mnich sedící v samotě jeskyně nemá mnoho možností, jak vyjádřit soucítění či apatii, ale jedna z obou vlastností v něm převažuje. Osvícený moudrý člověk přirozeně manifestuje jen božské vlastnosti, protože překročil veškeré své egoistické preference a jeho jednání vyplývá z toho, že vidí všechny jako rozšíření sebe sama. V neposlední řadě bude následovat příkazy dharmy, aby dával ostatním příklad. Jednání běžného člověka závisí na síle jeho připoutaností k tomu, co má či nemá rád a na síle jeho připoutanosti k dharmě. Představme si to jako stupnici – na jedné straně s připoutaností k našim preferencím a na druhé s připoutaností k naší dharmě. Pokud je první silnější, budeme se chovat jako démoni; pokud převažuje druhá strana, bude naše chování blíže božskému. Pokud se člověk rozhodne k meditování na odloučeném místě ještě před tím, než překonal své preference, může nabýt dojmu, že je transcendoval – to díky absenci podnětů, které by daly vzniknout vnějším reakcím. Jen když si své negativní kvality uvědomíme, můžeme usilovat o jejich přeměnu ve vlastnosti pozitivní.

Vynikající ilustraci uvedeného principu mi kdosi vyprávěl v souvislosti s animovanou dětskou pohádkou *Hledá se Nemo*. Ve filmu je skupina žraloků, která se rozhodne, že přestane žrát ryby. Dokonce vytvoří hnutí s názvem „Anonymní požírači ryb". Při svých setkáváních se vždy navzájem ubezpečují – stále dokola – „Ryby jsou přátelé – ne jídlo!" Vůdcem skupiny je obrovský Velký bílý žralok, který hrdě prohlašuje, že se již tři týdny nedotkl ani jedné ryby. Vše jde tak, jak si žraloci naplánovali, ale jen do té chvíle, než se v blízkosti ukáže malá poraněná rybka, jejíž kapka doplave k nosu žraloka – vůdce. Samozřejmě v okamžiku, kdy ucítí krev, se jeho rybí *vásána* (tendence) probudí a nikdo ho neudrží. Jako šílenec začne rybu honit po celém oceánu, aby se najedl.

Tímto nechci říci, že bychom si měly lákavé předměty vystavit přímo před náš nos, ale je pravda, že se před nimi nemůžeme skrývat věčně. Na začátku duchovní praxe je důležité kultivovat aspekt *dama* (kontrola smyslů) a přítomnost smyslového pokušení nejlépe omezit. Nakonec ale musíme zesílit, aby izolace nebylo již potřeba. Jak říká Amma: „Mladá rostlina musí být chráněna ohradou. Jakmile vyroste, nemá již problém. Jen pokud dokážeme stát tváří v tvář smyslovému objektu, aniž bychom k němu cítili sebemenší náznak touhy, lze říci, že naše vásana byla skutečně transformována."

Negativní kvality se ukážou, když se identifikujeme s něčím omezeným – tj. s tělem či myslí. Božské kvality nastanou, když se identifikujeme s něčím nekonečným – s vědomím. Čím více se identifikujeme s tělem a myslí, tím negativnější bude naše povaha. Čím více se sjednotíme s naší Skutečnou Podstatou, tím budeme blíže Božskému. Skutečná povaha nás samých – našeho Já – leží mimo veškeré dualistické koncepty dobra a zla, ale pokud ji chceme poznat, musíme nejprve očistit svou mysl kultivací božských kvalit. Správné a hezké chování se tak stává odrazovým můstkem, který umožní přechod od sobeckého k altruistickému.

Podívejme se nyní na božské vlastnosti, které Amma pokládá za důležité a proberme si některé způsoby, jež vedou k jejich kultivaci. Mějme na paměti, že i když Amma zdůrazňuje následující kvality, není pravda, že by jiné pozitivní vlastnosti pokládala za nedůležité a že bychom je měli ignorovat.

Trpělivost

Amma říká, že trpělivost je vlastnost, kterou ve spirituálním životě potřebujeme od začátku do konce. „Duchovní život je možný jen pro toho, kdo má velkou trpělivost," říká. „Jinak se setkáte jen se zklamáním." V moderní době chce každý plody svých činů okamžitě, bez čekání. Takřka veškeré reklamy dnes používají termín „okamžitý" – okamžité půjčky, okamžité zprávy, okamžité úvěry, okamžité výsledky... Lidé mluví i o „okamžitém osvícení". Amma říká, že poptávka po rychlosti se stala jakousi nemocí. Cokoli, co má nějakou hodnotu, potřebuje ke svému zrání čas. Všimnout si toho můžeme třeba na způsobu, jakým se dnes pěstuje zelenina. Díky novým pěstitelským technologiím se agrotechnikům podařilo redukovat čas mezi setbou a sklizní, ale výsledná zelenina obsahuje méně nutričních prvků.

Slyšel jsem jeden vtip. Člověk se modlí k Bohu: „Bože, prosím, daruj mi trpělivost – *ale ihned.*" Bohužel to tak nefunguje. Duchovní život je v mnoha ohledech jako květina. Jedná se o postupný proces, který vyžaduje péči a trpělivost. Nelze násilím otevřít semeno a vytáhnout klíček. V moderní době však lidé vyžadují duchovní pokrok, co nejrychleji to jde. Amma říká,

„Je to jako kdyby matka svému dítěti říkala, „chci, abys vyrostlo hned teď! Proč musíš být dítětem tak dlouho? Pospěš si, nemám čas čekat...“ Co byste asi o takové matce řekli; patrně, že je nadmíru hloupá či mentálně zaostalá. Lidé čekají, že se stane zázrak. Nemají trpělivost čekat a snažit se. Nechápou, že skutečným zázrakem je otevření srdce Nejvyšší Skutečnosti. Tento vnitřní rozkvět je však vždy pomalý a stabilní.“

Pokud nemáme trpělivost, nemůžeme v duchovním životě doufat v úspěch. Desítky let jsme své mysli dovolovali, aby si dělala, co chce. Nyní se snažíme ji ovládnout. Žili jsme kvůli materiálním věcem a nyní se tuto pošetilost snažíme překročit. Snažíme se nahradit negativitu hodnotami, nenávist láskou a apatii soucítěním. U většiny z nás jsou vásány hluboce zakořeněny a jejich odstranění vyžaduje odhodlání a upřímnost. Před vyvrcholením duchovního života musíme absolutním způsobem změnit náš způsob nazírání na sebe sama, na okolní svět i na samotného Boha. Nic z toho se neodehraje přes noc.

Nevinnost

Amma možná zdůrazňuje kultivaci této kvality více než rozvoj jiných vlastností. V nejvyšším smyslu chápe Amma „nevinnost“ jako skutečný výsledek poznání sebe sama – stále nový a blažený pohled na vše, co člověk vnímá. Na relativnější úrovni používá tento termín ke kultivaci dětské víry a receptivity – postoje začátečníka. Bez těchto vlastností nikdy nemůžeme růst. Bez víry v našeho učitele a písma, s duchovní cestou ani nezačneme. Bez receptivity odmítneme vše, co nezapadne do naší současné perspektivy. a bez začátečnického postoje nás velmi rychle přepadne frustrace a vzdáme se. Tyto kvality nám pomáhají vnímat svět očima dítěte – alespoň s určitou mírou radosti a údivu, což obohatí náš život i život ostatních.

„Když budeme mít stále postoj, že jsme začátečníci, každá situace se stane příležitostí, jak se něco naučit,“ říká Amma.

„Začátečník je vždy nevědomý a ví, že je nevědomý. Proto pozorně poslouchá, je otevřený a vnímavý. Jakmile si jednou myslíte, že víte, přestanete poslouchat; jen mluvíte. Vaše mysl je již plná." Být začátečníkem neznamená, že neděláme žádný pokrok či že musíme stále zapomínat, vše, co se učíme. Znamená naprostou otevřenost, pozornost a receptivitu. Amma říká, že jedině tímto způsobem lze skutečně získat poznání a moudrost.

Dítě je ve své nevinnosti vždy ochotné zapomenout a odpustit. Ve skutečnosti na nic jako je „odpuštění" ani nepomyslí. Dělá to automaticky. My se však chováme zcela opačně. Na svých nevraživostech a titěrnostech trváme celé roky – někdy i celý život. Amma říká, že někteří lidé se dokonce modlí za to, aby se v příštím životě mohli vrátit a pomstít se těm, kteří jim ublížili. Na druhou stranu děti se na sebe často na chvíli naštvou a za okamžik si opět šťastně hrají jako by se nic nestalo. Tento druh mysli bychom měli podle Ammy kultivovat – mysl se schopností zapomenout a odpustit.

V nevinnosti jsme otevření, receptivní a plní víry. Řeknete-li dítěti, že je král, který disponuje mnoha kouzelnými silami, okamžitě to přijme. V duchovním životě nám guru říká mnoho věcí o naší Skutečné Podstatě a o pravé podstatě okolního světa – což přijímáme jen velmi obtížně. V těchto okamžicích bychom trochu dětskosti z naší minulosti určitě potřebovali.

Před mnoha lety se stala věc, která toto téma jasně popisuje. Jednoho večera ležel na posteli jeden brahmačari a myslel na Ammu. Najednou spatřil komára, jak mu usedá na čelo. Ve své víře, že se jedná o Ammu, která za ním přichází mu požehnat v podobě komára, dovolil, aby jej komár štípl; byl zticha, aby se hmyz mohl v klidu napít krve. Komár odletěl nechaje za sebou velký otok přesně v místě „třetího oka". Další den, když se Amma dozvěděla o tom, jaký měl brahmačari „daršan", zavolala jej, aby štípnutí zkontrolovala. Jakmile to uviděla, dala se do hlasitého smíchu a chlapce mile objala. Kdykoli vypráví tento příběh, vždy se sice směje, ale pak řekne: „Taková nevinnost by se neměla ztratit." Také se můžeme smát a myslet si, „Bože! Amma vzala na sebe podobu komára? Takový nesmysl; ten člověk je blázen..." Ale písma nám říkají, že všech pět elementů, z nichž se skládá celek zvaný fyzický svět, má ve skutečnosti Boží podstatu. Skutečný znalec Védanty tuto pravdu chápe a uznává, že i komár má Boží rozměr (což však ještě neznamená, že jej nemůže odehnat). Takže trocha podobné nevinnosti není zase tak moc na škodu.

Pokora

Zánik ega se odehrává na dvou úrovních. Na jemném stupni se jedná o zničení konceptu, že člověk má oddělenou individualitu. Na hrubém stupni představuje odstranění pocitu nadřazenosti[23]. Silné hrubé ego je ve skutečnosti jistým znakem toho, že člověk má silné jemné ego. Odstranění hrubého ega představuje cíl duchovního života. To nastává pouze skrze asimilaci poznání, že nejsme tělem, emocemi a intelektem, ale vědomím, které je vše prostupující a věčné. Abychom uvedeného poznání dosáhli, musíme nejprve překročit své hrubé ego, alespoň do určitého stupně. Z tohoto důvodu klade Amma důraz na kultivování pokory. Bez pokory se nikdy nepokloníme učiteli a nepřijmeme, že naše koncepty mají trhliny. Tam, kde je přítomno silné ego, člověk nedokáže ani vzít do ruky smeták, aby se účastnil *guru sévy*. Jak Amma říká: „V semenu spí obrovský vysoký strom, ale může vyklíčit jen tehdy, pokud semeno zakopeme pod zem. Když semeno sobecky namítne „Proč bych se mělo sklonit pod tuto špinavou zem?", pak se jeho Skutečná Podstata nikdy neukáže a skončí jako potrava pro krysy či veverky. Nejvyšší Pravdu, která je naší podstatou, tak poznáme jen tehdy, pokud dokážeme v sobě nalézt a kultivovat pokoru."

---

[23] Je nutno poznamenat, že pocit nadřazenosti je na duchovní cestě stejnou překážkou jako pocit méněcennosti.

Někteří duchovní žáci však bohužel propadnou pýše. V naprosté identifikaci se svou myslí a svým intelektuálním pochopením spirituality se u nich rozvinou jemné – a méně jemné – pocity nadřazenosti. Adi Šankaračarja ve svém spisu *Sádhana pančakam* před tímto nebezpečím jasně varuje slovy: *aharahargarvah parityajyatam* – „Nechť je arogance poznání tebou stále odmítána."

Pokora je přirozeným důsledkem duchovního pochopení. Jakmile skutečně poznáme, že svět a všichni v něm jsou Bůh, jak můžeme mít pocit nadřazenosti? Když pochopíme, že bez pěti živlů nemůžeme jíst, pít ani dýchat, jak se můžeme chovat jinak než skromně? Kdykoli se setkáme s pýchou, měli bychom ji zničit pomocí následující sebereflexe. „Veškeré poznání, které mám, přišlo jen od mého učitele. Jak si jej mohu nárokovat? Nedokážu být odpovědný ani za vlastní mysl a její schopnost pamatovat si a myslet..."

Byl kdysi jeden guru, který vzal za své žáky dva bratry. Jednoho rána jej navštívil mladší z bratrů a říkal: „Vím, že si myslíš, že můj starší bratr je lepším žákem než já. Co je ale na něm tak úžasného? Umím to samé, co on..."

Guru mu odpověděl, ať svého bratra přivede. Brzy se vrátili oba bratři a guru jim pověděl: „Každý z vás půjde a umyje nohy deseti lidem, kteří jsou horší než on. Uvidíme, kdo přijde první."

Oba bratři se mistrovi poklonili a okamžitě začali plnit úkol. Netrvalo ani hodinu a mladší bratr se vracel. „Jsem hotov," prohlásil. Učitel se soucitně usmál.

Bylo už dávno po soumraku, když se vrátil starší z bratrů. Nic neřekl. Jen se učiteli poklonil. „Hotovo?" zeptal se guru.

„Je mi líto, Guruji," řekl. „Co se mne týče, nemohl jsem najít nikoho, kdo by byl horší než já."

Guru pohlédl na mladšího bratra a řekl, „To jeho skromnost jej činí lepším."

Bdělost

Amma říká, že duchovní žák by měl každou svou činnost provádět s bdělostí. Tímto způsobem se veškeré jeho aktivity stanou určitým druhem meditace. Pokud skutečně chceme získat soustředěnou mysl, musíme žít tak, aby se všechny naše takzvané „světské" činnosti staly prostředkem k získání mentální čistoty. V jedné upanišádě se duchovní cesta srovnává s „chůzí na ostří nože". To proto, že člověk nejenže musí svou mysl vybrousit k onomu pomyslnému ostří, ale poté tuto mentální ostrost používat při neustálém rozlišování mezi skutečným a neskutečným. Amma říká, že pokud nedokážeme být bdělými při jednoduchých činnostech, není možné, abychom dokázali bděle pracovat s našimi myšlenkami.

Vzpomínám si na jednu vtipnou situaci, která se týkala jednoho brahmačariho, který pracoval jako korektor textů, které ašram vydával. V jedné publikaci se objevila zásadní chyba v citátu Ammy. Citát měl obsahovat větu, kterou Amma velmi často zmiňuje: „To, co postrádáme, nejsou knižní vědomosti, ale pozornost." Vytisknutá publikace však říkala: „To, co postrádáme, není pozornost, ale knižní vědomosti." Celá věta byla tedy úplně špatně. Brahmačariho korektura – či spíše její nedostatečné provedení – sama o sobě ilustrovala celou pointu věci. Přirozeně se tak nestalo proto, že by neznal učení; určitě ho slyšel mnohokrát. Byl však natolik nepozorný, že překlep nezachytil, ani když byl už napsaný. Po vytištění publikace a zjištění chyby pak strávil mnoho času velmi zábavnou činností – tisknutím malých pruhů papíru se správným textem, kterými pak přelepoval chybná slova. Určitě to byla lekce, kterou nikdy nezapomene.

Soucítění

Amma říká, že soucítění je láska vyjádřená v podobě činů. Skutečná láska je pocit, který vyplývá z toho, že jsme zakusili jednotu.

Když trpí někdo, koho máme rádi, pociťujeme jeho bolest jako svou a uděláme cokoli, abychom ji zmírnili. Jedná se ve skutečnosti o doslovné vysvětlení, protože anglické slovo „compassion" (soucítění) pochází z latinského *com* (společně) a *pati* (trpět). Zatímco naše láska je omezená – a existuje tedy jen pro několik lidí – osvícená bytost jako Amma vnímá svou jednotu se vším stvořeným. Díky tomu přirozeně dělá maximum, aby pomáhala chudým a trpícím. Její jednání je otevřené, protože její mysl je otevřená. Její soucítění nemá hranice, protože její koncept vlastní Podstaty nemá hranice. Říká, že chceme-li rozšířit své vnímání sebe sama, musíme nejprve otevřít vlastní srdce a cítit utrpení druhých. Zkuste chvíli pomyslet na někoho, kdo trpí. Udělejte něco, čím jim aspoň trochu pomůžete. Pohled osvícené bytosti je expanzivní a jeho činy tak jdou příkladem. My můžeme použít zpětný postup: Otevřete svá srdce, pomáhejte druhým a pomalu se otevře i vaše mysl.

Nelze nezmínit, že způsob, jakým Amma žije, sám o sobě představuje učení v soucítění. Soucitné jednání samo soucítění vytváří. Můžeme se o tom například přesvědčit v dětském domově Amrita Niketan v Parippalli v okrese Kollam, který Amma založila. Pět set tamějších sirotků se tři krát denně společně setkává u jídla. Jakmile všechny děti dostanou plné talíře, recitují 15. kapitolu Bhagavad-gíty a nabídnou dvě kuličky rýže[24]. První pro Ammu; druhou pak pro všechny hladové děti na světě. Když děti zavřou oči a modlí se za všechny další děti, lze v jejich tvářích spatřit velkou vážnost. Skutečně se modlí celým srdcem. Mnohdy můžete vidět, že jim tečou po tvářích slzy. Amma říká, že všichni bychom si měli najít čas, kdy se zamyslíme nad trápením druhých. To nám pak otevře srdce a promítne se do všeho, co děláme.

---

[24] Kuličky rýže pak sní až nakonec, jako *prasád* (posvěcený pokrm)

Metody kultivace

Snadno dokážeme vyjmenovat seznam dobrých vlastností, které bychom chtěli získat. Jak si ale počínat, abychom je u sebe dovedli k dokonalosti? Nejjednodušší metodou je *satsang* – strávit čas s lidmi, kteří tyto vlastnosti mají. Jak jsme probrali ve druhé kapitole, čím více se setkáváme s *dharmickými* (správně se chovajícími) lidmi, tím rychleji přijmeme dharmický postoj. a naopak, čím více se stýkáme s *adharmickými* (nesprávně se chovajícími) bytostmi, tím spíše budeme inklinovat k adharmickému chování. U mnoha lidí ze Západu, kteří začali žít v Amritapuri, vznikl jemný indický přízvuk. Díky čemu? Socializací. Stejně tak vybereme-li si dobrou společnost, bude to pro nás jedině plus, protože získáme některé dobré vlastnosti. Vybereme-li si špatnou společnost, může nás snadno stáhnout dolů. I když se v našem okolí třeba žádné dharmicky chovající se bytosti nevyskytují, můžeme si třeba číst jejich životopisy. I to je forma satsangu.

Další věc, kterou můžeme učinit, je předsevzetí. Pokud skutečně máme potíž s trpělivostí, tak si slavnostně slibme, že „nervy" neztratíme. Poté musíme být extra pozorní, zejména když se dostaneme do stresující, nepříjemné či frustrující situace.

V ašramu žije člověk, který měl problém se vztekem. Nejenže se často naštval sám, ale často se nedokázal ovládat a hrubě nadával i okolním lidem. Po jedné takové scéně jej Amma požádala, zda by si mohl začít vést deník. Dostal za úkol se každý večer před spaním zamyslet a napsat všechny situace, kdy ztratil nervy. Také měl poznamenat všechny okamžiky, kdy někomu udělal radost. Amma mu řekla, ať se chová jako obchodník, který každý večer sedí nad účetní knihou a porovnává své ztráty a zisky. Postupně tak získá větší uvědomění nad tím, jak se chová. To se odehrálo před mnoha lety a dnes, samozřejmě, mluví onen člověk mnohem slušněji a je přátelštější – skutečně se změnil. Tuto techniku můžeme zkusit všichni. Vyberte si tedy jednu vlastnost a hurá do práce. Budeme-li si každý večer psát, můžeme si třeba představovat, že píšeme přímo Ammě – náš vztah k ní se tak prohloubí. Když si dáváme předsevzetí, je nejlepší, jsme-li konkrétní. Soustřeďte se na jednu či dvě negativní vlastnosti, s nimiž začnete. Jinak se můžeme cítit zklamáni. Lepší je, když si dáme konkrétní cíle. Jakmile získáme sebevědomí, můžeme své úsilí zvýšit.

Chceme-li rozvinout konkrétní hodnotu či pozitivní vlastnost, měli bychom strávit čas tím, že se zamyslíme nad jejím přínosem, stejně tak nad negativními důsledky kvality opačné. Čím jasněji naše mysl uvidí souvislost mezi hodnotou a pozitivním přínosem, tím pravděpodobněji se tak budeme i chovat. Podobně, čím jasněji uvidíme slabiny negativních vlastností, tím rychleji se jich budeme zbavovat.

Vzpomínám si, jak se jedna žena kdysi Ammy ptala, jak se má zbavit své závislosti na kávě. Amma se jí okamžitě zeptala: „Proč chcete přestat pít kávu?" Žena nevěděla jasně proč. Pointa, kterou Amma chtěla ukázat, byla: Dokud nevíte, proč se chcete změnit, pak se nikdy nezměníte. Existuje řada důvodů, proč omezit kávu – vyvolává nervozitu, způsobuje bolest hlavy, když si ji nedáme, je příčinou nespavosti, zdravotních potíží, podrážděnosti atd. Chceme-li překonat nějaký zlozvyk, musí nám být zcela jasné proč. Pokud to naše mysl nevidí jasně, naše jednání nebude o nic uvědomělejší.

Jako duchovní aspiranti bychom si měli najít čas a zamyslet se, jak nám naše nová kvalita pomůže na cestě k duchovnímu poznání. a opačně – měli bychom se zamyslet, jak negativní vlastnost našemu cíli brání. Musíme si zajistit efektivitu. To zvládneme jen tehdy, když tomu věnujeme čas a zamyslíme se, jak jsou vlastnosti důležité. Lze to provést v tiché meditaci nebo kdykoli během dne. Můžeme tak učinit i v okamžiku, kdy negativní vlastnost, které se chceme zbavit, začne mít navrch. Pokud to však budeme dělat jen v těchto okamžicích, možná brzy zjistíme, že nemáme sílu, abychom se zlozvyku ubránili. Chce to, jako cokoli jiného v životě, praxi.

Kapitola osmá:

Jak zbystřit mysl

*Ať děláme jakoukoli meditaci, soustředíme-
li se na srdce či mezi obočí,
cíl je tentýž: jednobodová koncentrace.*

—Amma

KDYŽ SE VĚTŠINA LIDÍ ZAMYSLÍ nad spiritualitou, první
věc, která jim přijde na mysl, je meditace. Meditace je bohužel
jedním z nejvíce nepochopených aspektů duchovního života. Co
přesně je meditace? Jaký má účel? Je to cíl či prostředek? Jak
funguje? Evidentně se jedná o něco velice zvláštního. Naštěstí zde
máme Ammu, žijícího duchovního učitele, který nám na základě
osobních zkušeností dá návod přesně na míru našim potřebám.

V podstatě existují dva druhy meditace – meditace na Boha
s formou a meditace na *átmán* – na samotné vědomí, které před-
stavuje střed naší bytosti. Tyto dva druhy se popořadě nazývají
meditace *saguna* a meditace *nirguna*[25]. Meditace Ma-Om, kte-
rou Amma učí, Integrovaná meditační technika Amrita® (IAM
Technique®), mentální *mantra džapa* a *mánasa pudža* (mentální
uctívání) jsou vše druhy saguna meditace. Saguna implikuje
skutečnost, že objekt naší meditace má konkrétní vlastnosti.
U těchto meditací je jasný rozdíl mezi námi – meditujícím –
a předmětem naší meditace. Například u meditace Ma-Om, což
je krátká meditace, kterou Amma vede vždy na začátku svého
programu, meditujeme na nádech a výdech, které spojujeme

---

[25] Saguna znamená „s vlastnostmi"; nirguna znamená „bez vlastností".

se slabikami ma a om. V Technice IAM je rozvinuta série bodů na fyzickém těle, kam se soustředíme. Když provádíme džapu či *arčanu*, soustředíme se na jednu či více manter. Provádíme-li *mánasa pudžu*, snažíme se si vybavit a uctívat podobu námi oblíbené podoby Boha.

Tak, jak se *karma jóga* snaží kultivovat myšlení pomocí odstranění našich preferencí, má i saguna meditace svůj význam. V prvé řadě jde o zlepšení schopnosti jednobodového soustředění. „Ať meditujeme na jakýkoli bod v těle, cílem je jednobodová koncentrace," říká Amma. To je ve skutečnosti cílem většiny duchovních technik.

V souvislosti s těmito řádky můžeme zmínit jeden příběh z Bible[26]. Když Ježíš cestoval po Galilei, přijel na místo, kde žil muž, o kterém se tvrdilo, že je posedlý démonickými silami. Žil mezi hrobkami, křičel, zuřil a takřka k smrti vyděsil každého, kdo se vyskytoval v jeho okolí. Po nějaké době přišel za Ježíšem a ten se jej zeptal, jak se jmenuje. „Říkej mi „Legion", protože nás je mnoho,"odpověděl muž. Bible vysvětluje, že tím myslel skutečnost, že není posedlý pouze jedním démonem, ale že jich je více. Tak jak tak, Ježíš muži požehnal a legie démonů zmizely. Někteří lidé tuto událost vnímají jako symbol exorcizmu. Legie démonů jsou metaforou dezintegrované mysli. Taková mysl obsahuje množství rozporných podnětů a představ. Nemá sílu se soustředit ani se uklidnit. Příklad Legiona je extrémní, pokud však provedeme trochu introspekce, zjistíme, že mnozí z nás jsou do jisté míry také podobně „posedlí". Setkání s Ježíšem symbolizuje kontakt s osvícenou bytostí, *mahátmou*, jehož učení nám pomůže získat mentální kontrolu, koncentraci a nakonec klid.

Chceme-li uspět v jakémkoli oboru, světském či duchovním, schopnost soustředění je klíčová. Finanční analytik musí být schopen soustředit se na finanční diagramy; hráč baseballu či pálkař v kriketu na míč; počítačový programátor se musí koncentrovat

---

[26] Marek, 5.1 a Lukáš 8.26-39

na kódování. Stejně tak se žák musí ve svém každodenním životě soustředit na učení svého mistra. Vše vyžaduje koncentraci. Písma opakovaně říkají, že nejsme myslí, ale že mysl je nástrojem, který používáme na naši interakci s okolním světem. V tomto ohledu je to jako u počítače. Každý počítačový odborník ví, že počítač potřebuje pravidelnou údržbu. Musíme defragmentovat disky, vyčistit nechtěné složky, updatovat software, někdy i zvýšit kapacitu RAM a paměti atd. Dále musíme pravidelně updatovat antivirové programy. Tyto aktivity předchází tomu, aby nám počítač nezkolaboval – pravidelná meditace vnáší štěstí a zdraví do počítače naší mysli.

Meditaci můžeme přirovnat i k fyzickému cvičení. Všem je nám jasné, že pokud si chceme zachovat zdravý organizmus, musíme pravidelně cvičit. Potřebujeme to všichni. Jako duchovní aspiranti jsme na tom ještě jinak – nestačí nám, když naše mysl jakž takž zdravě funguje; chceme vytvořit takovou mysl, která je schopna poznat Nejvyšší Pravdu, mysl, která nás dokáže osvobodit, abychom mohli žít v blaženosti naší Podstaty,

Ve Šrímad Bhágavatam existuje část, která byla napsána před několika tisíci lety, v níž mudrc Sukha popisuje budoucí společnost a její materialistickou podobu. Na tomto místě uvádí dlouhý seznam předpovědí. Když je čteme, je takřka depresivní vidět, kolik z toho se již skutečně událo – zejména, když si uvědomíme spirituální charakter doby, kdy byla kniha psaná. Jedna z věcí, kterou Sukha o následujícím věku říká, zní:

snānam-eva prasādhanam |

Pouhá koupel člověku postačí.

Šrímad Bhágavatam, 12.2.5

Verš popisuje skutečnost, že v dnešní době se jen velmi málo lidí zajímá o vnitřní čistotu – pouze o vnější. Nikdo neklade důraz na očišťování a kultivaci myšlení, vše se týká jen těla.

Amma říká, že naše myšlení musí vypadat jako dálkové ovládání na televizi, které pevně spočívá v našich rukou. To znamená dokonalou mentální kontrolu – schopnost takové myšlenkové reakce, která dokonale odpovídá jakékoli situaci. Chceme-li na něco myslet, musíme to zvládnout s dokonalým soustředěním, trvá-li to pět minut či pět hodin. Chceme-li si vybavit něco z minulosti, měli bychom toho být schopni. a to nejdůležitější – musíme být okamžitě schopni – jako když zmáčkneme knoflík – věc zapomenout a uklidnit se... tento druh mentální kultivace je cílem saguna meditace. Cesta je tedy jasná: od relativního šílenství „Legiona" k mysli na dálkové ovládání.

Saguna meditace nepřináší přímo duchovní poznání. Duchovní poznání či osvícení je realizací – trvalou změnou v chápání. Jedná se o jasné poznání, že nejsme tělem, emocemi či intelektem, ale čistým, blaženým a věčným vědomím. Prostě to, co nám Amma říká denně. Dokonce i každý svůj veřejný projev začíná slovy, „Amma se klaní před všemi, kteří jsou ve své podstatě Boží láskou a Bohem."

Mnoho z nás slyšelo tento výrok o naší Boží podstatě více než tisíckrát, ale stále zůstáváme těmi samými mrzutými, vynervovanými a frustrovanými lidmi. Pokud toto poznání skutečně osvobozuje, proč tedy stále duševně trpíme? Amma odpovídá: „Děti, to, co vám chybí, nejsou znalosti, ale bdělost." Co tím myslí, když říká „bdělost"? Má na mysli schopnost nezapomenout – ani to za nejvíce stresujících, hektických a potenciálně fatálních okolností – pravdu, kým ve skutečnosti jsme. Jak psáno v Bhagavad-gítě:

naiva kiṁcit-karomīti yukto manyeta tattvavit |
paśyañ-śṛṇvan-spṛśan-jighrannaśnan-gacchan-svapañśvasan ||
pralapan-visṛjan-ghṛṇannunmiṣan-nimiṣannapi |
indriyāṇīndriyārtheṣu vartanta iti dhārayan ||

I když se dívá, naslouchá, dotýká, cítí, jí, jde, spí, dýchá, mluví, vyprazdňuje, drží, otevírá a zavírá oči, přebývá

mudrc ve středu své Podstaty, vědouce, že smysly
se pohybují mezi smyslovými objekty, ale já nedělám
vůbec nic.

Bhagavad-gíta, 5.8-9

To je uvědomění, o kterém Amma říká, že je musíme kultivovat. Většina z nás dokáže Védántu intelektuálně pochopit, když ale tělo pociťuje bolest, tak na skutečnost, že „nejsme tělem" zapomínáme. Většina rozumově chápe, že nejsme emocemi, ale když nám někdo ukřivdí, zapomeneme to a ztrácíme nervy. Většina z nás dokonce pochopí i fakt, že střed naší skutečné bytosti je velmi vzdálen všem intelektuálním představám, které máme uvnitř i vně své hlavy, ale kolik z nás si dokáže toto uvědomění udržet celý den? Problémem je nízká síla našeho uvědomění či bdělosti – naše neschopnost soustředit se na učení v každodenním životě.

Právě díky různým mentálním spirituálním cvičením se síla naší koncentrace zvyšuje. Provádíme-li praxi správně, pak je úroveň naší bdělosti taková, že dokážeme udržet své uvědomění ohledně své Skutečné Podstaty během každodenního života. Ve svém komentáři k Čandogja upanišádě, definuje Adi Šankaračárja meditaci saguna jako „nastolení nepřerušovaného toku stejných myšlenkových modifikací (tj. myšlenek) ve vztahu k určitému objektu, jak je popsáno v písmech, a jejich nepřerušování žádnou cizí myšlenkou." Šankara poté objasňuje, že realizace naší Podstaty je také souslednost pouhých mentálních modifikací – tedy poznání, že naše Podstata je blaženým věčným vědomím. Říká, že jediným rozdílem mezi mentální modifikací a jinými modifikacemi je ten, že když neustále prodléváme v myšlenkách na naši Skutečnou Podstatu, nastane zničení veškeré oddělenosti mezi námi, světem, lidmi kolem nás a Bohem. Se zánikem těchto rozdílů přichází vysvobození z veškerého utrpení, které z nich pochází, jako vztek, deprese, osamělost, žárlivost a frustrace.

Uvedený koncept kultivace mysli pomocí meditace saguna a následné užívání takto očištěné mysli ke koncentraci na učení písem je vysvětleno v Mundaka upanišádě[27] na metafoře o šípu, luku a cíli. Upanišáda nám v podstatě radí, abychom naostřili šíp naší mysli pomocí meditace saguna a poté, za pomoci mohutného luku duchovní moudrosti, který představují upanišády, mysl namířili na cíl – na nepomíjivé, vše prostupující, blažené vědomí. Gíta rovněž jasně definuje roli saguna meditace v následujících slovech:

tatraikāgraṁ manaḥ kṛtvā yata-cittendriya-kriyaḥ |
upaviśyāsane yuñjyād-yogam-ātma-viśuddhaye ||

*Sedíce na svém místě, s jednobodově soustředěnou
myslí, ovládaje schopnost myšlení a smysly, měl by
provádět jógu za účelem očištění sebe sama.*

Bhagavad-gíta, 6.12

Meditace saguna představuje tedy odrazový můstek – „ostření luku" podobně jako karma jóga čistí nástroje naší mysli. I když saguna meditace a karma jóga přímo nepřináší Nejvyšší poznání, byli bychom velmi nemoudří, kdybychom jim odpírali význam. Jsou *důležité*. Bez nich se nám nikdy nepodaří dosáhnout stanoveného cíle. Naší oblíbenou částí *pudžy* (rituálu) může být okamžik, když sníme *prasád* (požehnaný pokrm), ale pokud neabsolvujeme všechny předchozí kroky – invokaci, obětování, modlitby, arati atd. – prasád nebude prasádem, ale pouhým jídlem. Stejně tak ovoce poznání přijde jen tehdy, když provedeme nutné předchozí kroky. Amma tyto kroky často srovnává s drhnutím hrnce (tj. mysli), do kterého posléze dáme mléko (moudrost). „Nalijeme-li mléko do špinavého hrnce, mléko se zkazí," říká. „Před nalitím mléka je nutno hrnec umýt. Ti, kdo touží po duchovním povznesení, musí nejprve očistit sebe sama. Očistit mysl znamená eliminovat negativní a zbytečné myšlenky a omezit sobectví a přání."

---

[27] Mundaka upanišáda, 2.1.4-5 3

Někteří lidé tvrdí, že je praktikování saguna meditace nezajímá. Říkají, že zvýší svou schopnost koncentrace pomocí myšlenek na svou Skutečnou Podstatu. Šankara však prohlašuje, že přinejmenším na počátku spirituálního života je vhodnější optimalizovat svou schopnost soustředění díky meditacím saguna. a sice z toho důvodu, že kontemplace na něco bezejmenného a bezforemného je velice subtilní a proto podstatně obtížnější. Dokud mysl neprošla patřičným výcvikem, pokusy o kontemplaci na bezforemnou skutečnost často vyústí ve spánek či otupělost. Zatímco saguna meditace – soustředění na podobu či jméno Boha, na dech či místa na fyzickém těle atd. je poměrně snadná. Takže dokud nezdokonalíme schopnost své koncentrace, můžeme k jejímu zlepšení použít tyto druhy meditace. Jak uvidíme v deváté kapitole, když je člověk připraven, má se meditace nirguna (meditace na bezforemnou podstatu) provádět *neustále* – i když jdeme, mluvíme, jíme, sedíme atd. Zde si uvědomíme, jak důležitá je skutečnost, že nás Amma učí, abychom meditovali nejen formálním způsobem (tj. že si sedneme, zavřeme oči a např. opakujeme mantru), ale prováděli praxi doslova „s každým nádechem a výdechem." Tento postup de facto připravuje naši mysl na kontinuální nirguna meditaci, které přichází jako nejvyšší duchovní praxe.

Šankara také tvrdí, že jakmile se naše mysl stane díky saguna meditacím čistější, může nám zprostředkovat „nahlédnutí do naší Skutečné Podstaty." Tyto okamžiky nám posléze poskytnou inspiraci, abychom v našem cvičení vytrvali a prováděli jej s větší intenzitou a nadšením.

Jóga sútry

Patrně největší autoritou v oblasti saguna meditace byl mudrc Pataňdžali. Autorství jóga súter, v nichž načrtl vyčerpávající postup pro úspěšné zvládnutí meditace, se připisuje právě jemu. Právě z těchto súter (aforizmů) vychází často zmiňované spojení „aštanga jóga" (jóga osmi stupňů). Podle Pataňdžaliho by se meditace měla provádět v osmi po sobě jdoucích stupních: *jama, nijama, ásána, pranajáma, pratjahára, dharana, djána* a poté *samádhi*. Popořadě se jedná o příkazy, zákazy, pozici, ovládnutí dechu, vtažení smyslů, mentální koncentraci, pokročilou mentální koncentraci a sjednocení.

Jama

Podle Pataňdžaliho, chceme-li uspět v meditaci, musíme se nejprve ujistit, že dodržujeme pět zákazů a příkazů – konkrétní jama a nijama. Mezi jama, příkazy, patří ahimsa, satja, asteja, brahmačarja a aparighara.

Ahimsa znamená „nenásilí". Abychom v meditaci uspěli, musíme se vyvarovat násilí. Jedná se o jedno z nejvýznamnějších pravidel pro všechny lidské bytosti. Měli bychom se snažit, vyjma jistých okolností, vyvarovat jakémukoli ublížení druhým. Jedná se o důležitou skutečnost nutnou nejen k harmonickému rozvoji společnosti, ale i k rozvoji našeho nitra. Nejvyšší pravda, kterou mudrci hlásají, říká, že všichni jsme v podstatě jednotou. Pokud si přejeme tuto pravdu poznat, měli bychom spolu jednat tak, jako bychom byli jedním. Copak by někdo s normálním myšlením udělal schválně něco, čím by si ublížil? A pokud by tento důvod nebyl dostatečnou motivací k vyvarování se násilí, je zde vždy skutečnost, že se nám naše násilné činy jednou vrátí podle pravidel zákona karmy.

Když se pokoušíme žít životem bez násilí, měli bychom svou snahu aplikovat na třech úrovních – na fyzické, verbální a mentální. Když nás někdo neomaleně předjede v zácpě a my se jej proto snažíme vytlačit z vozovky, jedná se o fyzické násilí. Většina z nás se toho asi nedopustí (ale kdo při takové situaci neudeří do volantu, či nevěnuje řidiči pár „přátelských" gest?). Verbální násilí nastane, když z okna začneme vykřikovat jisté expresivní výrazy. Mentální násilí představuje nejjemnější podobu násilí a jako takové je nejobtížněji překonatelné. Jde o jakoukoli zlovolnou myšlenku – o představu fyzického či verbálního násilí. Často své mentální násilí – *himsa* – tolerujeme, protože máme za to, že nemá negativní efekt; když však jeho projevy povolíme, v budoucnu se projeví i na úrovni verbální či fyzické. Jak Amma prohlásila ve svém projevu na Mírovém summitu Generálního shromáždění Spojených národů v New Yorku roku 2000: „Pouhé přemístění všech světových jaderných zbraní do muzea nepřinese světový mír. Nejprve musíme vymýtit nukleární zbraně v naší mysli."

Druhá jama představuje satjam – mluvit pravdu a nelhat. Určitě bychom měli říkat jen pravdu. Než ji však vyslovíme, musíme uvážit, komu tím pomůžeme nebo koho zraníme. Když tím více lidem pomůžeme, tak bychom ji říci měli. Když tím bude více lidem ublíženo, bude lepší neříkat nic. Amma to komentuje: „I když někdo vypadá jako opice, nemusíme jít a povědět mu to." Když tím nikomu nepomůžeme, pak nemá pravděpodobně smysl, abychom něco říkali; raději máme být zticha. Není důvod zvyšovat zvukové znečištění naší planety. Pravda je podstatou člověka. Když lžeme, jednáme proti své podstatě a lze říci, že do našeho systému vnášíme nečistotu.

Třetí jamou je asteja – nekradení. Existuje moudré rčení, že jediným hříchem je krádež. Když zabíjíme, bereme něčí právo na život. Když lžeme, bereme něčí právo na pravdu. Když podvádíme, bereme něčí právo na férové jednání. Krádež nastává kdykoli získáme něco pomocí nelegitimních prostředků. Krádež patří mezi univerzální tabu. I zloděj ví, že jedná nesprávně, jinak by mu nevadilo, kdyby jej okradli jeho vlastní kumpáni.

Mezi další jamu patří brahmačarja. Brahmačarja se obvykle popisuje jako celibát, ale úplný celibát se nevyžaduje od všech vrstev společnosti. Zde můžeme definovat brahmačarju jako vyvarování se jakéhokoli sexuálního chování, které je nepatřičné naší společenské roli. V každé kultuře je tomu jinak. *Brahmačarini* (duchovní žáci) a *sanjásini* (mniši) se uvedeného chování musí vyvarovat úplně. Není nic špatného, když si manželé navzájem projevují fyzickou náklonnost, ale je doporučeno, aby svůj láskyplný projev věnovali pouze svému partnerovi. Amma ve skutečnosti říká, že jednotlivci mají vstupovat do manželství proto, aby své touhy ovládli, nikoli aby se v nich utápěli. Poslední jamou je aparighara - nehromadění. Vlastnit věci je v pořádku, ale, opět bychom to neměli přehánět. Amma obecně doporučuje, abychom se snažili vyjít s minimem věcí, zejména co se týče luxusního zboží. Často říká ženám, aby se pokusily omezit počet oblečení, které si každoročně pořizují a mužům, aby se vzdali cigaret a alkoholu. Prostředky, které tím ušetříme, navrhuje darovat na charitu.

Těchto pět jam představuje pět základních lidských hodnot, které by měli vyznávat všichni lidé, nejen meditující. Z hlediska úspěšné meditace mají však specifický význam. Když se zpronevěříme jakémukoli z prvních pěti příkazů – nenásilí, pravdivosti, nekradení a poctivosti – obvykle to zanechá hluboký otisk v naší mysli, který pak během naší meditace vyplave na povrch v podobě překážky našeho jednobodového soustředění. Může to být buď osten pocitu viny, nebo oživení něčeho z minulosti. Poslední jama, aparighara, ruší mysl také, protože když hromadíme věci, dovolujeme našim přáním, aby se vymkly kontrole. Během našich pokusů o meditaci se aparighara manifestuje v podobě strachu ze ztráty dosaženého či myšlenek na další hromadění.

Nijama

Pro ty, kteří praktikují meditaci, zde máme pět příkazů – nijama. První je *saučam* – čistota. V písmech se píše, že bychom měli udržovat své tělo, oblečení a fyzické okolí v čistotě. Nejenže je nečistota nezdravá pro nás i pro ostatní, ale ruší i naši mysl. Je-li naše pracovní plocha neuklizená, můžeme vidět, že jsme více roztržití. a naopak, čím je uklizenější, tím snáze se soustředíme. Mnoho lidí nedokáže ovládat svou mysl, aniž by před tím neuklidili své okolí. Tedy před tím, než zasedneme k meditaci, udělejme kolem sebe pořádek.

Druhá nijama se nazývá *santošam* – spokojenost. Amma říká, že spokojenost je postoj mysli. Vnější svět nelze vždy upravit tak, aby vyhovoval našim preferencím, ale vnitřní svět bychom měli pevně ovládat. Pokud chce někdo dosáhnout v meditaci úspěchu, je důležité, aby učinil rozhodnutí, že bude spokojený, ať se mu stane v životě cokoli. To neznamená, že nemáme usilovat o úspěch nebo změnu. Máme se snažit uspět v našem zaměstnání či oboru, který si zvolíme, ale úspěch či neúspěch v těchto oblastech nesmíme spojovat s naším mentálním klidem. Maximálně se snažte, ale buďte spokojeni, ať to dopadne jakkoli. Santošam jde ruku v ruce s jamou aparighara, ve které se učíme být spokojeni s minimem, co se luxusu týče, což nám umožní věnovat zbytek našich prostředků pro dobro společnosti. Snažit se o spokojenost je důležité, protože pokud upřímně analyzujeme lidskou mysl, uvidíme (jak je uvedeno v páté kapitole), že nikdo nedokáže získat uspokojení skrze vlastnictví. Bez ohledu na to, kolik kdo dostane, vždy bude chtít víc. Jakmile nám v práci zvýší plat, okamžitě začneme myslet na další prémie. Kongresman se chce stát senátorem, senátor touží po prezidentském křesle a prezident chce vládnout celému světu. Když tuto skutečnost pochopíme, pokusme se vytvořit postoj neustálé spokojenosti, která není závislá na penězích či majetku. Mysl, která není alespoň relativně spokojená, se nedokáže při meditaci soustředit.

Třetí nijama představuje *tapas* – odříkání. Je to jen díky odříkání, že jsme schopni ovládat mysl a smysly. Pokud si nestanovíme žádné hranice, dopadneme jako dítě, které necháte samotné v cukrárně. Výsledkem bude nepořádek a dítě s bolestí břicha. Stejně tak člověk, pokud se nedokáže ovládnout, končí tím, že ublíží jak společnosti tak sobě. V Indii existuje hezké rčení: „Nechejte kozy volné a udělají vám ze zahrady svinčík; přivažte je na jedno místo a pěkně to tam uklidí." Skutečnou psychickou sílu získáme jen díky odříkání. Jedná se o pravdu, která stojí za různými sliby, které lidé v náboženském životě skládají. Amma doporučuje, abychom si vybrali jeden den, kdy se postíme a zřekneme se mluvení. Jakmile poznáme, že se bez něčeho můžeme obejít, už nás daná věc neovládá. Během meditace se chceme stoprocentně soustředit na jednoduchý mentální objekt. Dokud svou mysl a smysly alespoň do relativní míry neovládneme (tím, že jim odmítneme dávat, co chtějí), nebudeme schopni se během meditace plně soustředit.

Čtvrtá nijama je *svadhjája*, což znamená studium sebe sama. Studium písem a učení našeho gurua není extrovertně orientovanou činností. Guru a písma představují zrcadlo, do kterého hledíme a poznáváme, kdo že to vlastně jsme. Amma říká, že opravdový duchovní žák má denně strávit nějakou dobu studiem písma či učením svého gurua. Jedná se de facto o první příkaz ve spisu Sádhana Pančakam Adiho Šankaračárji: *Védo nitjam adhijatam* – „nechť denně studuješ písma". Jedině uvedeným studiem poznáme nejvyšší cíl života a jak jej dosáhnout. Dále, nikdy nemůžeme meditovat ani pochopit, jaké místo meditace v duchovním životě zaujímá, dokud se tyto věci nejprve nenaučíme ze správného zdroje – ať se jedná o Ammu či tradiční svaté texty.

Posledním příkazem je *íšvara pranidhánam* – odevzdání se Bohu. To znamená provádět veškeré aktivity jako uctívání Boha. Zde dochází k přijetí hlediska karma jógy, protože v ní odevzdáváme naše jednání Bohu a přijímáme jakýkoli výsledek jako *prasád*. Jak uvedeno v kapitole pět, překonání toho, co máme či nemáme rádi, nastává na základě postoje karma jógy. Dokud své preference nepřekonáme, nezískáme nikdy natolik klidnou mysl, abychom mohli soustředěně meditovat.

Ásána

Dalším krokem Pataňdžaliho systému je ásána. Ásána znamená „pozici" nebo „posez". Než začneme s vlastní meditací, měli bychom se naučit sedět klidně a ve správné poloze. Krišna tak radí Ardžunovi v šesté kapitole Bhagavad-gíty a stejné instrukce můžeme slyšet od Ammy – sedět rovně, klidně, s narovnanou páteří, krkem i hlavou. Amma doporučuje i mírné zvednutí brady. Ruce můžeme nechat složené v klíně nebo na stehnech s dlaněmi otočenými nahoru. Tato pozice odlehčuje plicím, které tak nemusí nést tíhu našeho hrudníku, a my můžeme snadněji při meditaci dýchat. Poloha rukou a narovnaná páteř umožňují rovněž správný vzestupný tok prány (energie), která napomáhá meditaci. Můžeme sedět v jakékoli pozici, která je nám pohodlná – v tureckém sedu nebo polovičním či úplném lotosu (*padmásána*). Neměli bychom pociťovat napětí. Nenuťte se tedy do pozice, která je nepohodlná. Nemá smysl sedět v poloze, která vás bude nutit, abyste meditovali na to, jak je nepohodlná. Pokud nelze jinak, můžete klidně sedět i na židli, ale dejte pozor, ať se neopíráte – jinak se často stává, že člověk usne. Krišna v Gítě říká, že polštář či podložka, na které sedíme, nemá být ani moc měkká ani tvrdá. Sedět přímo na zemi či na podlaze se také nedoporučuje. Mistři v meditaci tvrdí, že podobně jako elektrický obvod ztrácí při uzemnění sílu, tak i tělesná energie se v přímém kontaktu se zemí oslabuje.

Ásána se může vztahovat i k ásánám hatha jógy – což většinu lidí obvykle napadne, když zaslechne slovo „jóga". Pravidelné cvičení hatha jógy představuje vynikající způsob udržení zdraví a vitality. Měli bychom se však ujistit, že máme dobrého učitele, protože cviky působí na velmi jemné úrovni a pokud bychom je prováděli nesprávně, mohou mít negativní důsledky. Také bychom si měli uvědomit, že hatha jóga v kontextu Pataňdžaliho systému není sama o sobě cílem. Spíše by měla sloužit jako *příprava* na meditaci – k uvolnění těla, aby bylo schopné sedět tak dlouho, jak si přejeme meditovat; ke stimulaci vhodného toku prány a pomalého obrácení mysli dovnitř. Tento cíl mají všechny ásány, které Amma zahrnula do techniky IAM.®

Pranajáma

Po ásáně je dalším krokem *pranajáma* – „ovládání dechu". Pranajáma podobně jako hatha jóga působí na velmi jemné úrovni a pokud se provádí nesprávně bez vedení kompetentního učitele, může se stát příčinou potíží. Dnes mnoho jednotlivců i organizací vyučuje velmi specializované techniky komukoli, kdo je ochoten zaplatit. Amma je toho názoru, že to může být velmi nebezpečné a obecně před tímto problémem varuje. Jednoduchá pranajáma se hodí prakticky pro každého,[28] ale komplikovanější, rozšířená kontrola dechu se tradičně předepisovala jen na základě osobní konzultace, kdy byla brána v potaz fyzická i vitální kapacita člověka včetně jeho schopnosti kontroly. Amma varuje, že máme omezit zejména násilné zadržování dechu, které následuje po výdechu či nádechu. Říká: „V dřívější době, když guru někoho zasvětil do pranajámy, nejprve ho žádal, aby přinesl vlákno ze slupky prasklého kokosu, možná stéblo trávy či nit. Vlákno pak podržel před žákovým nosem a pozoroval na něm jednotlivé aspekty jeho dechu – sílu, trvání, délku a povahu dechu proudící každou nosní dírkou. Teprve poté mu poskytl určitou techniku, trvání a počet opakování."

V meditačních technikách, které Amma vyvinula, nedoporučuje silné pranajámy. Vyjma velice krátké pranajámy na začátku meditace IAM. Hlavně doporučuje způsob *prána vikšana* – dýchat normálně s pozorností. Jedná se ve skutečnosti o klíčovou součást techniky Ma-Om. Dech má být plynulý a jemný. V technice Ma-Om se nádech spojuje s mentálním opakováním *bídžakšary* (semenné slabiky) *ma* a výdech s mentálním opakováním slabiky *om*. Tento druh pranajámy se jmenuje *sagarbha pranajáma* – což doslova znamená pranajáma „impregnovaná" mantrou. Když si uvědomíme, že meditační techniky, které Amma vyučuje, sama intuitivně poznala, je zajímavé vidět, jak dokonale odpovídají

---

[28] Jedinci se srdečními problémy, astmatem, vysokým tlakem či těhotné ženy by měly konzultovat svého lékaře.

praktikám, které popisují mnohé tradiční texty. Uvedená skutečnost potvrzuje tvrzení, že sadguru představuje žijící písmo.

V Pataňdžaliho systému pranajáma – stejně jako ásána – nepředstavuje samotný konec, ale pouze krok, díky němuž se snažíme pomalu soustředit mysl více a více dovnitř. Hatha jóga se provádí při soustředění se na jednotlivé části fyzického těla. Při pranajámě se objekt našeho soustředění stává subtilnějším – jde o vitální sílu uvnitř těla. Vidíme tedy, že zjemňováním technik (a následně jejich působení) nás Pataňdžali postupně, krok za krokem, vede do našeho nitra.

Pratjahára

Dalším krokem je pratjahára – odtáhnutí smyslů. Z hlediska selského rozumu – se nemůžeme začít v mysli na něco koncentrovat, pokud se aktivně, pomocí očí, uší, nosu, jazyku či pokožky, zabýváme vnějším světem. Oči lze zavřít. a velmi pravděpodobně během našeho cvičení ani nic nejíme. Když nás však bude rušit něco, co vnímáme skrze dotek, čich nebo sluch, bude pro nás meditace obtížnější. Z toho důvodu nám písma radí, abychom meditovali alespoň v relativní samotě či brzy ráno, kdy většina lidí ještě spí. Naše místo, kde sedíme, by mělo být čisté. Špinavá místa vydávají často nevábný pach a mnohdy přitahují komáry – vytrvalé nepřátele každého meditujícího. Takto dokážeme ovládnout přirozeně extrovertní povahu smyslových orgánů a soustředit svou mysl na svůj meditační objekt.

Amma však říká, že se musíme naučit meditovat v jakémkoli prostředí. Když jsem začal žít v ašramu, tamější vesničané nechávali u moře ležet hromady kokosových slupek. Slaná voda asi napomáhala jejich rozkládání. Slupky šly snadněji rozbít a vzniklá vlákna se používala na výrobu provazů. a věřte mi, opravdu na světě neexistuje moc věcí, které páchnou více než hromada kazících se kokosových slupek… a zvuky, které vydávaly ženy při jejich rozbíjení, představovaly další útok na smysly meditujících.

Přesto nás Amma nechávala sedět vedle slupek i několik hodin. Říká, že bychom neměli vynechávat meditaci jen proto, že pro ni nenalezneme „vhodné místo" či odhlučněné prostředí. Když nastane čas k meditaci, musíme se naučit vtáhnout smysly a soustředit se – nezávisle na tom, kde jsme. Tím, že nás nechala meditovat vedle kazících se slupek, nám pomohla tuto schopnost rozvinout.

Dhárana

Dalším stupněm je dhárana – mentální soustředění. Pointa leží v aplikování jednobodově zaměřené mysli na vybranou oblast. Může to být myšlenková představa Boha, Matky Boží či učitele. Může to být dech či mantra. Nebo místa na našem fyzickém těle. Védy vyjmenovávají stovky podobných objektů, na které lze meditovat[29]. Může to být jakýkoli objekt, ale písma doporučují, že bychom si jej měli mentálně spojit s Bohem. Z toho důvodu při vyučování meditace *Ma-Om* Amma vždy připomíná, že zvuk *óm* symbolizuje Boží světlo (tj. vědomí) a zvuk *má* je symbolem Boží lásky. Není to tak, že poté přemýšlíme o vědomí či Boží lásce; jen soustředíme svou mysl na dech spojený s uvedenými slabikami. Provedli jsme však *sankaplu* (rozhodnutí), co pro nás symbolizují.

Dhjána

Dhárana je jednoduše jediná myšlenka. Další krok, dhjána, představuje vytrvání v oné myšlence. Jak říká Šankara: „Nastolení kontinuálního toku stejných myšlenkových modifikací (tj. myšlenek) ve vztahu k určitému objektu, jak je popsáno v písmech, a jejich nepřerušování žádnou cizí myšlenkou." Na stupni dhjány mysl udržuje pouze jedinou myšlenku, ale udržování se děje skrze úsilí – je to boj.

---

[29] Zejména v částech aranayka.

Jsem si jist, že všichni máme zkušenosti podobné následující: Sedíme v meditaci a v mysli se snažíme soustředit například na podobu Dévi. Soustředíme se na její korunu, vlasy, pak sárí... v mysli nám vyvstane obraz sárí a přijde myšlenka, *Jé, ta Dévi má ale pěkné sárí. Nádherná modrá barva... jako moře...* a naše mysl se ihned vrhne do práce: *Vzpomínám si na minulé léto, když jsem jel lodí ve Venezuele...* a pak si vybavíme jídlo v tamější restauraci... a jak jsme tam potkali někoho zajímavého... *ten kluk v té restauraci měl fakt pěkný hodinky... a já skutečně potřebuju nové hodinky... třeba bych si je mohl koupit hned zítra... naposledy, když jsem šel nakupovat, pohádal jsem se sestrou Devikou...* Jééé! Najednou si uvědomíme, že vlastně máme meditovat na Dévi.

Tak vypadá mysl – prostě tok myšlenek. Mysl je obvykle naprosto neuspořádaná – jedná se o proud myšlenek na základě mentálních asociací a *vásán* (mentálních tendencí). Díky cvičení můžeme získat schopnost nasměrování tohoto toku k jednomu předmětu. Jako když vlaku opatříme koleje; zajistí, že zůstaneme na cestě a přijedeme do zvolené stanice. Jakmile se zvýší síla naší bdělosti, zvětší se přirozeně i schopnost zachytit mysl, když se „odkloní z dráhy". Pokud se nám daří kontinuální omezování koncentrace na zvolenou oblast, praktikujeme dhjánu.

Samádhi

Samádhi je vyvrcholením meditace saguna. Jedná se o úplnou absorpci bez úsilí v námi zvolené myšlence. Mysl zde plyne bez překážek, tradičně se tento stav popisuje na příkladu klidného plamene olejové lampy uvnitř skleněného krytu. Před dosažením tohoto meditačního stupně, jsou zde vždy dva – meditující a objekt jeho meditace. Ale v samádhi, meditující na sebe úplně zapomene a jeho jedinou existující realitou se stává meditační objekt. Tak kulminuje meditace saguna. I v našem každodenním životě, ve chvílích, kdy se díváme na televizi nebo jsme v kině, se natolik ztotožníme s dějem, že na sebe zcela zapomeneme.

Ani si toho nevšimneme a dvě hodiny jsou pryč. Rozdíl mezi sledováním televize a meditací je ten, že přirozená nižší tendence mysli a smyslů je vycházet ven (což se děje při sledování filmu) a v meditaci ji trénujeme, aby se obrátila dovnitř. Tím chci říct, že všichni známe okamžiky, kdy jsme se ztratili ve svých myšlenkách – možná v intelektuální představě či denním snění – ale dokud je naše soustředění nechtěné, nikdy nepřinese mentální kultivaci, kterou u saguna meditace hledáme.

Zde je důležité poznamenat, že samádhi v meditaci by se nemělo zaměnit s duchovní realizací. Duchovní realizace je posun v našem pochopení, kdy poznáváme svou Skutečnou Podstatu, podstatu světa kolem nás a podstatu Boha – všeho jako blažené, věčné vědomí, které je nám vlastní. Nazývá se advaitickou – neduální – zkušeností, protože jednou provždy vidíme, že jediná věc, která existuje uvnitř i vně, je vědomí. Toto uvědomění je trvalé a zůstává s námi, ať již sedíme se zavřenýma očima v lotosu a meditujeme nebo jíme, spíme, jdeme či mluvíme. V Pataňdžaliho samádhi zakoušíme blaženost skrze jednobodovou koncentraci mysli. Soustředí-li se mysl na jediný bod, zklidní se natolik, že blaženost vnitřní Podstaty vyzařuje skrze mentální nástroje, které ji jinak překrývají. Poté získáme, jak říká Šankara, „zážitek Skutečné Podstaty". Když však s meditací přestaneme a otevřeme oči, dualistický svět se vrátí, zážitek je pryč a my jsme opět tím samým člověkem s tou samou negativní myslí. Proto se říká, že permanentní blaženost lze dosáhnout jedině díky poznání. Příčinou tohoto nedorozumění – záměnou samádhi v meditaci za stav duchovní realizace – je skutečnost, že duchovní realizace se často popisuje také jako „samádhi". Nicméně z hlediska terminologie se duchovní realizace popisuje jako *sahadža samádhi* – „přirozené samádhi", pocházející z poznání, že vše je jedním.

Ve skutečnosti se jedná spíše o krásný a fascinující koncept. V meditačním samádhi omezíme mysl na jedinou myšlenku a v důsledku toho zakoušíme blaženost. V sahadža samádhi poznáváme, že vše, co vidíme a myslíme, má de facto jedinou podstatu a tak získáme blaženost. V prvním případě redukujeme mnohost na jednotu pomocí disciplíny, ve druhém redukujeme na jednotu pomocí poznání. Samádhi v meditaci je pomíjivé; zanikne se skončením meditace. Zato samádhi založené na poznání, jakmile jej dosáhneme, neskončí nikdy.

Amma často říká, že většina lidí získá během hodinové meditace minutu či maximálně dvě minuty skutečného soustředění. Uvádí, že pravá meditace nepředstavuje jen sezení se zavřenýma očima, ale „stav nepřerušovaného soustředění jako nekonečný proud" – tj. Pataňdžaliho samádhi. Ale i tak, je to v pořádku, říká. Naše schopnost koncentrace poroste s praxí. Často vysvětluje: „Představme si, že na sporák dáme vodu na čaj. Když se nás někdo zeptá, co děláme, řekneme, že čaj. Ve skutečnosti se jen ohřívá voda; je to jen začátek. Ještě jsme nepřidali ani čaj, ani cukr či mléko. Přesto říkáme, že děláme čaj. Stejně tak říkáme, že meditujeme, ale je to pouze začátek. Stavu skutečné meditace jsme ještě nedosáhli."

Jiné duchovní praxe

Zvýšení naší schopnosti soustředění je cílem většiny spirituálních cvičení. Meditace představuje čistě mentální aktivitu; koncentraci na meditační objekt lze dosáhnout jedině samotnou myslí. Při dalších cvičeních si však na pomoc bereme i jednotlivé smyslové orgány.

Například Amma často doporučuje každodenní recitaci Lalitha Sahasranamam – Tisíce jmen Boží matky. Při tomto cvičení nejenže myslíme na mantry, ale nahlas je opakujeme a tak zapojujeme *karmendrija* (orgán činnosti) jazyka a *džnanedrija* (orgán poznání). Mantry můžeme i číst a zapojit tak i zrakový orgán. Někteří lidé se přitom pohybují, jakoby s každou recitovanou mantrou obětovali květy – a zapojují i činnost rukou. Čím více smyslových orgánů zapojíme, tím snáze dosáhneme jednobodového soustředění. Zpěv bhadžanů funguje na stejném principu. Proto mnoho jedinců, kteří se v meditaci nemohou soustředit, preferuje recitaci manter či zpěv. Obecné pravidlo říká: Čím větší počet smyslů zapojíme, tím snadněji se budeme soustředit. a naopak, čím méně smyslů, tím větší sílu cvičení bude mít. Abychom si to lépe představili, vybavme si člověka, jak fyzicky cvičí. Čím více konkrétních svalů ke zvedání zátěže zapojí, tím snáze ji zdvihne. a čím méně svalů použije ke zvedání stejné zátěže, tím intenzivněji si zapojené svaly procvičí. Ve spirituální praxi nemáme zájem procvičovat svůj zrak, sluch atd. Chceme posílit mysl. Tedy čím méně orgánů zapojíme, tím intenzivnější trénink se mysli dostane. Proto Ramana Maharishi napsal ve svém spisu Upadeša Saram:

uttama stavāducca mandataḥ |
cittajaṁ japa-dhyānam-uttamam ||

Hlasité opakování je lepší než chvalozpěv. Lepší však je slabé šeptání. Nejlepší je ale mentální opakování; to je skutečná meditace.

Upadeša saram 6

Jedná se o stejnou radu, kterou nám dává Amma, když od ní přijmeme mantru (*mantra dikša* – iniciace do mantry). „Na začátku ji opakujte tak, abyste zvuk slyšeli jen vy. Jakmile se vám při opakování podaří jednobodové soustředění, opakujte ji jen pohybem úst – jako ryba. Až se vám podaří soustředěně i to, zvykněte si na opakování v mysli," říká. Aplikovat uvedené lze dvěma způsoby. Začátek může představovat počáteční období ihned po iniciaci mantrou. Nebo může jít o začátek našeho každodenního cvičení mantra džapa. Takže, jakmile se nám podaří proniknout do makrokosmu našeho života, naše cvičení by se mělo stávat jemnějším a kultivovanějším. To by se mělo simultánně projevit i v mikrokosmu naší každodenní praxe.

Stejně jako je mentální opakování mantry silnější než hlasité, je recitace jedné jediné mantry silnější než recitace série manter. a sice proto, že přirozeností mysli je, že plyne. Neustále hledá něco nového. Jakmile jednou vysaje šťávu z jedné věci, ihned chce něco dalšího. Čím více mysl omezíme, tím méně jí dovolíme projevit svou extrovertní povahu. Pomocí všech uvedených cvičení aplikujeme tedy jakési mentální brzdy a zatlačujeme ji na místo, kde chceme, aby zůstala. Dříve jsme jí neveleli; situace vypadala, jak Amma poznamenává, „jako když psovi udává směr jeho ocas." Když použijeme brzdy, vznikne teplo. Teplo je znakem toho, že se mysl čistí. Není náhodou, že sánskrtský výraz pro „teplo" a pro „odříkání" je tentýž – tapas. Neznamená to, že pokud rádi recitujeme mantru nahlas, máme s tím přestat. Měli bychom použít introspekci, upřímně zhodnotit dosaženou úroveň a pokračovat; a jednou za čas svou praxi zintenzivnit.

Amma říká, že hlasitá recitace Lalitha Sahasranamam má však jeden specifický přínos. Pokud se recituje se správnou rychlostí a rytmem, funguje jako určitý druh pranajámy, kdy bez úsilí ovládáme dech a tím simultánně uvolňujeme a čistíme tělo i mysl.

Překážky v meditaci

Meditace představuje jedno z nejjemnějších spirituálních cvičení. Pro některé je zdrojem velké blaženosti, pro jiné příčinou obrovské frustrace. Většina z nás pravděpodobně spadá někam mezi dva uvedené extrémy. Ve svém komentáři k Mundaka upanišádě zmiňuje velký duchovní mistr Adiho Šankary Šrí Gaudápadačarja čtyři konkrétní překážky meditace včetně toho, jak je překonat. Jedná se o *laja, vikšepa, kasája a rásavada.*

Laja znamená spánek. Většina z nás tento problém důvěrně zná, zejména když s meditační praxí teprve začínáme. Jedná se o běžný jev. Celý náš život jsme zavřené oči a uvolnění spojovali se spánkem. Nyní chceme najednou zavřít oči a přesto zůstat bdělí. Tak se často stává, že začneme klimbat. Abychom se spánku zbavili, musíme se nejprve podívat na jeho příčinu.

Spánek v meditaci obvykle bývá výsledkem buď nedostatečného spánku v noci, nadměrného množství jídla, extrémního fyzického vypětí nebo zdravotních problémů, jako je třeba nízký tlak atd. V souvislosti s těmito potížemi Amma často radí, abychom se zvedli a chvíli chodili. „Pokud se vám chce spát, vstaňte, udělejte pár kroků a přitom opakujte mantru; tamas (letargie) tím odezní. V počátečních fázích meditace se začnou manifestovat všechny tamasické kvality. Pokud zůstaneme bdělí, postupně zmizí. Když se vám chce spát, opakujte mantru s pomocí mály (*džapa mala* – růženec, modlitební korálky)." Je-li objektem naší meditace obraz, doporučuje Amma otevřít oči a soustředit je na vnější vyobrazení. Jakmile touha po spánku zmizí, můžeme oči zavřít a začít s vnitřní vizualizací.

Vzpomínám si na začátky ašramu, kdy Amma s námi chodila meditovat. Měla vedle sebe sáček s kamínky, a když někdo začal klimbat, ihned po něm jeden hodila – vždy s naprosto přesnou trefou. Někdy se tak děje i na jejích programech. Protože *daršan* končívá většinou kolem druhé či třetí hodiny ranní, mnoho z těch, kteří kolem Ammy medituji, začne postupně „odpadávat". Amma má svůj specifický způsob, jak spáče budit – háže po nich bonbóny jako prasád.

Druhá překážka meditace je vikšepa (rozrušení). Zde mysl není ospalá, ale naopak. Nemůžeme se soustředit, protože je plná neklidu. Příčinou mentální agitace bývá touha. Jak uvedeno dříve, touhy přichází na základě chybného pochopení o příčině štěstí – tj. díky nevědomosti, že jeho příčinou jsou smysly a nikoli naše Podstata. Abychom se při meditaci uvedeného problému zbavili, Gaudápada doporučuje, abychom se zamysleli nad pomíjivostí objektů, které ruší naši mysl a nad tím, že nás nakonec stejně povedou k utrpení. Amma radí stejně: „Když se během meditace objeví nechtěné myšlenky, měli bychom se zamyslet: „Vznikne nějaký užitek z toho, když si budu pěstovat podobné myšlenky?

Mají nějakou cenu?" Při podobné sebereflexi tak máme počet myšlenek snížit. Musí nastat úplný klid a vyvstat odpoutanost. V naší mysli bychom si měli jasně uvědomit, že smyslové objekty jsou stejné jako jed."

Další překážkou je kasája. V kasáje mysl není ospalá, ani rozrušená myšlenkami, ale přesto nedokážeme získat hlubší meditační vnor, protože v podvědomé mysli stále zůstávají přání. Jediným řešením v tomto stavu je pozorování mysli; jakmile se latentní přání manifestují ve vědomí, je nutné je odstranit pomocí rozlišujícího intelektu.

Poslední překážkou, kterou Gaudápada zmiňuje, je rásavada, což doslova přeloženo znamená „chutnání (ásavada) blaženosti (rása)". Když se mysl ztotožní s naším meditačním objektem, výsledkem je klid a blaženost. Když se tak stane, neměli bychom dovolit, aby nám intoxikační charakter meditace ovlivnil pozornost. Měli bychom svou pozornost opět zaměřit na samotný meditační objekt. Vždy bychom měli pamatovat na důvod, proč meditujeme: tj. abychom si „zostřili" mysl. Blaženost, kterou občas zažíváme, je ve skutečnosti odrazem blaženosti naší Podstaty, kterou zakoušíme v zrcadle své mysli. Přijde a odejde v závislosti na našem psychickém stavu. „Zažívání" blaženosti není cílem. Nakonec musíme překročit i to a poznat svou skutečnou identitu – átmán, pravý zdroj všech blažených zkušeností. Jak bude podrobně vysvětleno v deváté kapitole, nejedná se o zkušenost, ale o posun v pochopení, na který naši mysl připravuje právě saguna meditace. Sama o sobě však uvedenou změnu nepřináší. Ta musí nastat na základě poznání.

Amma však tvrdí, že jakákoli činnost, pokud je prováděna se správným přístupem a rozhodnutím, může představovat duchovní praxi – tak dlouho, děláme-li ji s bdělou pozorností. Chůze může být prováděna jako duchovní praxe, mluvení rovněž, to stejné platí pro jídlo či domácí práce. Platí, že pokud zapojíme koncentraci a jasně si uvědomujeme náš cíl, může ke kultivaci našeho myšlení sloužit takřka cokoli.

Na celém svém životě Amma tento princip demonstruje. Cokoli dělá, provádí s neskutečnou pečlivostí a soustředěním. Při běžném pohledu si toho nemusíme všimnout, protože se chová velice přirozeně. Když se však podíváme lépe, uvidíme, že vše – letmé pohledy, spontánní úsměv, hravá gesta, i slzy – dělá dokonale, pečlivě a s jednobodovou koncentrací.

Vzpomínám si na jednu zajímavou událost. Roku 2003 přijel do ašramu filmový režisér Jan Kounen, aby o Ammě natočil dokument. Amma právě slavila své 50. narozeniny a režisér chtěl nafilmovat masová shromáždění lidí čekajících na daršan, kteří přicestovali právě v tyto dny. Při těchto příležitostech zvládne Amma dávat daršan až dvěma tisícům jednotlivců za hodinu. Sledovat něco podobného skutečně stojí za to. Dvě řady lidí – jedna k ní přichází zleva, druhá zprava. Dva proudy vedoucí k lásce. Když si Kounen prohlížel nafilmovaný materiál, prohlásil: „Dělá to neskutečně rychle… oči to nejprve nejsou schopny ani zachytit. Vypadá to tak neorganizovaně, jako skvrna. Je to moc rychlé, proto jsem se rozhodl, že ji natočím zpomaleně. Jedině tak jsem schopen to opravdu vidět. a později ke zpomalené verzi říká: „Ne, není to tak. Je v tom taková krása a požehnání. Vše je natolik promyšlené. Jako balet." A Amma jakoby chtěla poukázat na míru bdělé pozornosti, s níž během podobných událostí funguje, se najednou zastaví, přidrží přicházejícího člověka a z legrace mu vynadá: „Počkej, ty nestydo. Tys jdeš už podruhé." Jen Bůh ví jak, ale ona je schopna pamatovat si každičkou tvář, i přes davy čítající desítky tisíc lidí.

Zde je vidno, že mysl Ammy vykazuje maximální úroveň čistoty a další kultivaci nepotřebuje. Sama již dosáhla Nejvyššího. Meditativní charakter chování je pro ni přirozeným stavem bytí a slouží jen jako příklad, aby inspirovala okolní svět – k tomu, aby následoval její příklad a dosáhl stejné míry kultivace.

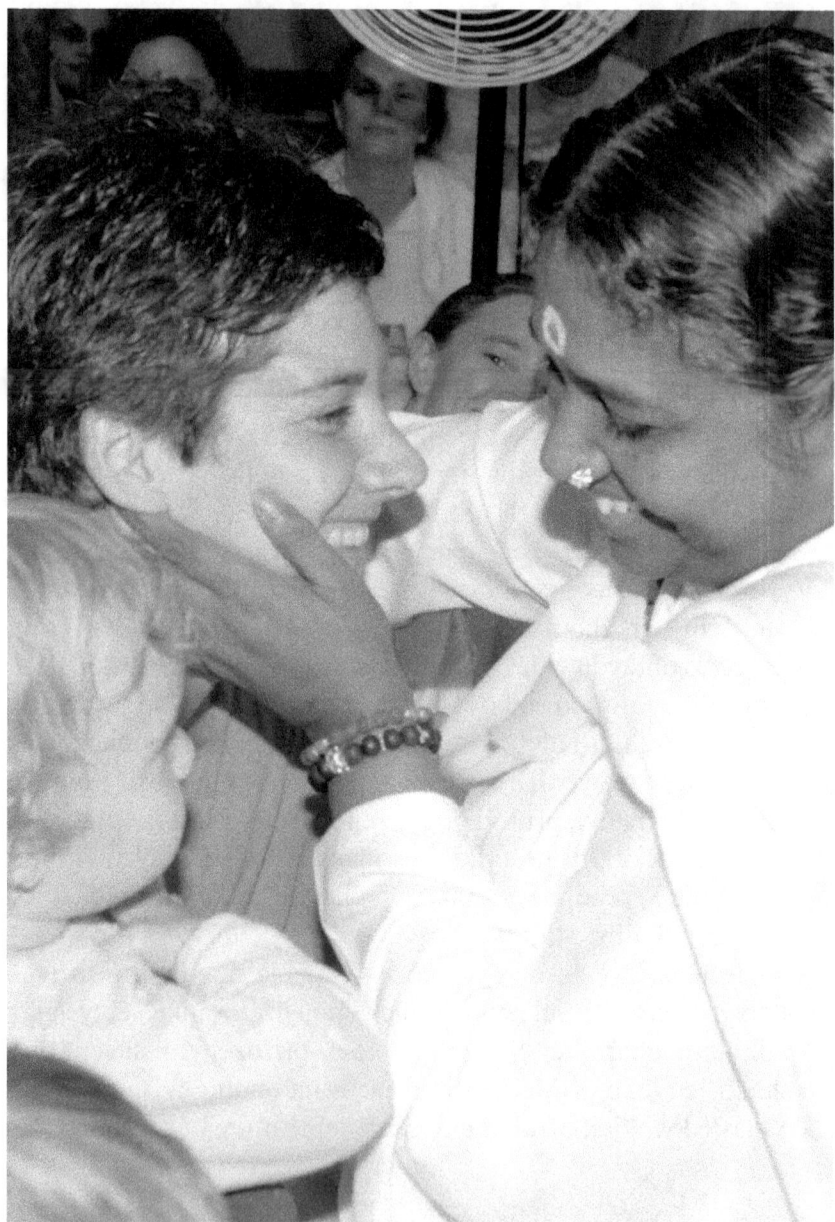

Kapitola devátá

Odstranění kořene utrpení

Temnota není nic, co by šlo fyzicky odstranit.
Když však rozsvítíme světlo, tma automaticky zmizí.
Stejným způsobem zmizí temnota nevědomosti,
když vyvstane skutečná moudrost. Pak
se probudíme k věčnému světlu.

–Amma

POSLEDNÍM KROKEM NA cestě k osvobození je *džnána jóga* – poznání. Všechny dosud vyjmenované praxe – karma jóga, saguna meditace, kultivace božských vlastností atd. – jsou de facto přípravou na samotnou džnána jógu. Jak jsme se zmínili v předchozích kapitolách, cílem karma jógy je omezení našich preferencí – myšlenek, které rozptylují naši mysl do mnoha směrů. Saguna meditace slouží k zesílení koncentrační schopnosti. Abychom to shrnuli, představme si, že se duchovní cesta odehrává v raketě. Meditace zvyšuje sílu raketového motoru a karma jóga zvyšuje aerodynamiku rakety. V celém příběhu nám chybí jediná věc: destinace. *Átma džnána* – poznání sebe sama – představuje cíl. Abychom se k němu dostali, musíme absolvovat dost neobvyklou cestu, protože cíle dosáhneme pouze tehdy, když pochopíme, že jsme v něm byli již na počátku… Jen na tomto tvrzení si můžeme uvědomit, jak subtilní moudrostí *Átma džnána* je a jak důležitá je předcházející dvoustupňová mentální kultivace vzniklá na základě karma jógy a meditace.

Existuje jen jeden důvod, proč se lidé obrací ke spiritualitě; to proto, že nejsou tak šťastni, jak by si přáli. Jak jsme uvedli dříve, celý náš život funguje de facto na základě dvou motivací. První představuje touhu po štěstí či větším štěstí, druhou je strach, že o štěstí, které momentálně máme, přijdeme. Chodíme do práce, protože je jasné, že potřebujeme peníze, abychom si mohli zabezpečit alespoň základní potřeby – jídlo, oblečení a bydlení. Chodíme do kina, posloucháme hudbu a hledáme přátelství, protože věříme, že nás obohatí. Dokonce i dodržování morálky, sociálních zvyklostí a nesobeckého jednání má jeden cíl – nastolení a udržení pocitu vnitřního klidu a naplnění. Uvedené věci nám poskytují rozličnou úroveň dočasného štěstí, ale vždy jsou spojené s utrpením. Většina lidí na světě takto žije a doufá, že jednoho dne nalezne dokonalé upořádání věcí, ve kterém budou šťastni navždy – pomyslný pozemský ráj; nebo zůstávají „spokojení s nespokojeností". Vidí, že život je vždy směsicí radosti i trápení a pro občasnou radost jsou ochotni ony potíže podstoupit.

Většina lidí ráda přijme 90 procent utrpení výměnou za pouhých 10 procent štěstí. Zajímavé je, že uvedenou neefektivitu ohledně čehokoli jiného v životě by nikdy nepřijali. Dokážete si představit, že budete vlastnit auto, které funguje jen jednou za deset dní? Hlavní problém je v tom, že lidé nevidí, že by měli na výběr.

Duchovní učitelé jako Amma žijí, aby ukázali, že na výběr máme: Poznáním sebe sama – realizací vlastní Podstaty. Říkají, že pouze díky poznání toho, kým opravdu jsme, dosáhneme veškerého štěstí, po němž v životě toužíme. To z toho důvodu, že občasné štěstí, blaženost a radost, které zažíváme v důsledku naplnění svých přání, pochází ve skutečnosti z hloubi našeho nitra. Když se nám podaří se s tímto rozměrem identifikovat, nikdy více nezažijeme jediný okamžik utrpení.

S jistotou mohu prohlásit, že znám jeden z nejšťastnějších okamžiků vašeho života. Představte si, že je deset večer a vy jdete spát. Musíte v pět ráno vstávat a jít do práce; nastavíte si tedy budík. Brzy usnete hlubokým spánkem. Za chvíli zjistíte, že jste se probudili – z nějakého důvodu. V místnosti je tma jako v pytli.

Nic nevidíte a nevíte ani kolik je hodin. Možná, že můžete spát jen hodinu, možná už ale bude 4:59 ráno... Rychle se pomodlíte, sáhnete na noční stolek vedle postele a hledáte budík. Nahmatáte ho, vezmete do ruky a zvednete k obličeji. Ještě jednou se rychle pomodlíte a stisknete tlačítko a... co vidíte? Je teprve půl dvanácté... Ano, pět a půl hodiny ještě můžete spát... jedná se možná o nejšťastnější chvíli ve vašem životě.

O čem to ale celé je? Žádné vybrané lahůdky vám ve spánku nenabízí. Žádné hotelové pláže, žádné supermodelky, žádné peníze, ani sláva či čestná uznání. Nejsou tam ani sny. Jen nicota. Ale nějak je nám jasné, když se probudíme, že nic blaženějšího neexistuje. Svatí a moudří lidé říkají, že vzpomínka na zkušenost hlubokého spánku – kdy si nepamatujeme nic, jen to, že nám bylo blaženě – je důkazem, že veškeré štěstí pochází jen a jen z našeho nitra. Překáží mu pouze naše přání. Vzpomínám si, že někdo se kdysi Ammy ptal, jak to vypadá, když člověk dosáhne Nejvyššího poznání a ona odpověděla: „Jako když zažíváte blaženost hlubokého spánku, akorát jste plně probuzeni."

Ve stavu Nejvyššího poznání se v blaženosti nacházíme neustále, bez ohledu na to, co se děje kolem nás. Cituji Ammu: „Jde o pocit dokonalého naplnění s vědomím, že již není nic, co by se dalo v životě získat – poznání, které činí život dokonalým." A přesně o to – nám, spirituálním aspirantům – jde. Dosáhnout uvedené lze jen a pouze pomocí poznání – pomocí pravého uvědomění si, čím jsme a čím nikoli.

Poznat poznávajícího

Poznávat átmán je poněkud zapeklitá věc, protože átmán není objekt. Proto se poznání sebe sama považuje za nejsubtilnější oblast veškerého poznání vůbec. Při studiu čehokoli jiného je předmětem našeho učení určitý objekt. Například v astronomii, „já", jakožto subjekt, studuji objekty – astronomická tělesa. V geologii „já", subjekt poznávám skalní objekty. V chemii se „já" učí chemické prvky atd. V poznání sebe sama se však studuje subjekt sám o sobě. a subjekt se nikdy nemůže stát objektem pro náš intelekt. Pozorující se nikdy nemůže stát předmětem pozorování. Může oko spatřit sebe sama? A jazyk ochutnat sám sebe? Nejde to. Na vysvětlenou uvedu několik následujících příkladů: Jeden den nastane výpadek elektrického proudu. Člověk se ocitne sám v temné místnosti a hledá baterku. Zapne ji a světlo ozáří místnost. Baterka je natolik silná, že muž si to pochvaluje. „To je přece něco, takové silné světlo…,“ říká si pro sebe. „Ty baterie uvnitř jsou opravdu kvalitní…" Chce tedy zjistit, kdo je vyrábí, vytáhne je z baterky a chce si na ně posvítit. Jakmile s tím začne, ihned je mu jasné, jaký nesmysl dělá.

Tedy nic, co jsme v minulosti studovali, se uvedenému nepodobá. Átmán není slyšitelný jako hudba, naše uši jej nemohou slyšet. Není to nic, co by mělo tvar či podobu, naše oči nám to tedy nemohou ukázat; stejně tak nemá vůni, nelze se jej dotknout ani ho pociťovat. Není to objekt. Jedná se o subjekt – konec konců doslovný překlad výrazu átmán znamená „já".

Co se všech ostatních věcí týče, můžeme někam jít a získat zkušenost. Tak vypadá obvyklý postup. Čteme například knihu o Jupiteru. Píše se tam, jak jej lze pomocí teleskopu najít a my tedy čekáme, až se setmí, vylezeme na střechu a správně nastavíme teleskop. Jupiter uvidíme a máme nyní zkušenost. Stejně tak funguje hudba. Možná se v novinách dočteme o nějakém žánru, který jsme nikdy neslyšeli. Zaujme nás to a chceme si udělat vlastní obrázek. Co tedy uděláme? Jdeme na internet, koupíme si nějaké MP3, nahrajeme je a posloucháme. Takto funguje proces objektivního poznávání: napřed něco nastudujeme a poté získáme zkušenost.

Poznání vlastní Podstaty, subjektivní poznání, ale vypadá jinak. Protože – když si to uvědomíme – předmětem našeho poznávání jsme my, naše skutečné já. Představte si, že v novinách čtete o lidských bytostech, napadne vás: „Hm, tihle lidi vypadají zajímavě. Určitě bych chtěl nějakého potkat…" A ihned se vypravíte ven, abyste nějakého našel. Zajímavá myšlenka, že? Při poznávání sebe se učíme o něčem, co právě „zažíváme"[30], o něčem, co „zažíváte" právě teď a tady – když čtete tyto řádky. Tím jste vy! Jak byste to tedy nemohli „zakoušet"? Náš problém tedy zjevně neleží v „zakoušení"; jedná se o problém v porozumění, uvědomění – poznání. Dovolte mi použít příklad. Mám za to, že většina z vás zná filmové série Hvězdných válek. Jsou populární všude na světě, Indii nevyjímaje. Abych byl upřímný, sám jsem je neviděl, ale znám jednoho devotee, který je doslova zbožňuje – a on mi popsal jednu filmovou scénu. V epizodě *Impérium vrací úder* nastane situace, kde hlavní postava Luke Skywalker, hledá svého gurua Yodu. Aby u něj mohl studovat, odcestuje na jinou planetu. Potíž je v tom, že Luke nikdy dříve Yodu neviděl; neví tedy, jak vypadá. Přistane na cizí planetě a potká onu nepříjemnou a legrační zelenou bytůstku s velkýma ušima. Luke je netrpělivý a chce rychle najít svého gurua. Malá zelená potvůrka jej však zdržuje a obtěžuje s očividným úmyslem Luka naštvat. To se mu podaří a Luke začne ve vzteku křičet, házet věcmi a nadávat na svůj osud. Přesně v tomto okamžiku ukáže malá zelená bytost svou pravou totožnost – že je de facto tím učitelem, kterého Luke hledá. Luke tedy nepostrádal „zkušenost s Yodou"; to, co mu chybělo, bylo „rozpoznání Yody". Stejně se to má s námi a átmánem. Zažíváme átmán právě teď. Vždy jsme jej zažívali a navždy budeme – potřebujeme pouze někoho, kdo nám ho představí. a tím je role gurua. Guru nám nastaví zrcadlo učení, abychom mohli spatřit svou tvář. Tímto způsobem nás představí našemu vlastnímu já.

Problém je ve skutečnosti, že i když právě vlastní Podstatu „zakoušíme", zároveň zakoušíme i mnoho jiných věcí, náš vnitřní i vnější svět. V neposlední řadě věci, které se týkají našeho

---

[30] Slovo „zažíváme" či „zakoušíme" není technicky správné, protože „zažít" či „zakusit" implikuje existenci zažívaného/zakoušeného objektu; Amma a jiní duchovní mistři však uvedené výrazy používají často, protože přesnější jazykový výraz neexistuje.

interního světa, tj. emoce, vzpomínky, myšlenky a ego, s naší Podstatou zaměňujeme. Jedná se o natolik jemné rozlišení, že naději na úspěch můžeme získat jen za pomoci gurua a písem, které poznání sebe sama popisují. Amma často užívá příkladu s hromadou cukru smíchaného s pískem. Oddělit obě substance je pro člověka z hlediska obtížnosti i časově skoro nemožný úkol; pro mravence to však problém není. Člověk v tomto přirovnání představuje symbol tupého, nekultivovaného intelektu a mravenec symbolizuje bytost, která očistila svou mysl pomocí duchovní praxe, studia Védánty a žijícího duchovního učitele. Uvedenou mysl Amma nazývá *vivéka budhi* – rozlišující intelekt.

Abychom, obrazně řečeno, dokázali oddělit písek od cukru, nabízí nám písma mnoho systematických metod. Tyto metody jsou vesměs extrémně logické a intelektuálně uspokojivé. Některé z nich zahrnují *panča-koša vivéka* (rozlišování mezi pěti vrstvami lidské osobnosti, *šárija-traja vivéka* (rozlišování mezi třemi těly), *avasta-traja vivéka* (rozlišování mezi třemi psychickými stavy) a *drg-dršja vivéka* (rozlišování mezi tím, kdo si uvědomuje a předmětem uvědomování). Jedná se tedy o různé metody analýzy našeho já. Obecný název, který lze pro ně použít, zní *átma-anátma vivéka* – rozlišování mezi tím, co átmán je a tím, čím není, tj. rozlišování mezi skutečnou Podstatou a tím ostatním.

Pomocí uvedených metod docházíme zjištění, že veškeré věci, o kterých jsme mysleli, že jimi jsme – tělo, emocionální mysl a intelekt – námi de facto nejsou. Fundamentální vlastností věci je určitá její charakteristika, která se nemění. Vědci například definují fundamentální charakteristiku vody jako H_2O – molekulu složenou ze dvou atomů vodíku a jednoho atomu kyslíku. Změníte-li vzorec jen nepatrně – třeba na H_3O či HO_2 – už nemáte vodu. Musí být H_2O tekutina? Nikoli, i když zmrzne, je to pořád voda. Může existovat ve formě páry. Může mít jakýkoli tvar – nalijte ji do kulatého poháru, úzké trubky nebo ji zmrazte do podoby slona a vystavte jako součást bohatého snídaňového bufetu. Žádná její modifikace nezmění její fundamentální charakteristiku H_2O.

Jedná se stále o vodu. Vezměte ji do Indie, Španělska, Japonska či Anglie… žádný problém. Nazvěte ji *pani, aqua, mizu* nebo si pro ni vymyslete vlastní termín. Dokud je to H_2O, je to stále voda. Podíváme-li se na tělo, mysl a intelekt, uvědomíme si, že se stále mění. Naše výška a váha se mění. Můžeme se vydat do války a přijít o nohu. Naše IQ se mění. Rovněž naše preference. Jídlo, které jsme v dětství nenáviděli, nyní milujeme. Naše intelektuální názory na náboženství, politiku, dobro, zlo – vše podléhá změně. Měníme zaměstnání, místa, kde žijeme… V dnešní době si můžeme změnit i pohlaví. Z toho vyplývá, že tělo, emoce a intelekt představují povrchní aspekty naší bytosti. Nepředstavují neměnnou podstatu – átmán.

Zeptejte se někoho, kým je a uslyšíte jen popis týkající se jeho těla. Možná odpoví něco na způsob: „Jsem muž," „je mi 59 let," „jsem synem toho a toho," „pracuji v takovém či takovém oboru." Analyzujeme-li všechny uvedené odpovědi, vidíme, že pouze jedna věc se nikdy nemění: a sice naše „já". „Já" je konstantní. Písma nám říkají, že když se hluboce na toto já zaměříme, zjistíme, že v jeho nejniternější části přebývá naše Skutečná Podstata. Jak slýcháme od Ammy: „Onen bezejmenný, bezforemný, vše prostupující princip přítomný ve všem jako „já" se nazývá átmán, Brahman nebo Bůh.

Povaha vědomí

Átmán je známý pod mnoha jmény – *brahman, puruša, paramátmán, pradžna, čajtanjam, nirguna íšvara* – ale jak konstatují Védy, *ekam sat viprah bahudha vadanti* – „Pravda je jedna, mudrci ji nazývají různě."[31] Veškerá výše uvedená slova ve skutečnosti znamenají „čisté vědomí". Vědomí je naší pravou Podstatou. Z písem se učíme, že vědomí není nějaká entita související s tělem či myslí, nebo jejich výtvorem, ale prostupuje je, osvětluje a dává

---

[31] Rg Veda, 1.164.46

jim život. Jeho přirozené místo v těle je na úrovni pozorovatele, sledujícího veškeré naše myšlenky, pocity, vjemy nebo jejich nepřítomnost. Proto svaté texty říkají:

yanmanasā na manute yenāhurmano matam |
tadeva brahma tvaṁ vidhi nedaṁ yadidam-upāsate ||

To, co nelze pochopit myslí, ale pomocí něhož, říkají,
je mysl pochopena – Pouze to je známo jako Brahman,
nikoli to, co lidé zde uctívají.

Kena upanišáda, 1.6

Vědomí ve skutečnosti není omezeno hranicemi těla. Pouze tak vypadá, protože je natolik jemné, že jej lze vnímat, jen pokud má nějaké zrcadlící médium, jako je mysl či tělo. K vysvětlení uvedeného jevu se často používá příklad se světlem.[32] Světlo můžeme „spatřit" jedině tehdy, pokud se od něčeho odráží – od stěny, obličeje, ruky atd. Z toho důvodu vypadá vnější vesmír – kde nejsou předměty, které by mohly světlo zrcadlit – černě, tj. bez světla. Světlo tam ale jistě je. Paprsky slunce, které ozařují život na zemi, musí touto vnější vrstvou proniknout, aby sem dopadly. Jakmile tam ale není zrcadlící médium, nemůžeme je vidět. Stejně se to má s vědomím. Jak uvedeno výše, vědomí samo o sobě se nikdy nemůže stát předmětem našeho vnímání. Vnímat jej můžeme za předpokladu, že nastane jeho odraz patřičným médiem – tj. tělem a myslí.

Vědomí se rovněž považuje za věčné – bez počátku a bez konce. De facto je jedinou trvalou věcí. a protože není vnitřně vázáno k tělu, existuje samozřejmě dál, i když tělo odejde. Proč ale tělo po smrti člověka vypadá tak inertně, jako by bylo bez vědomí? Protože již zde není adekvátní médium, skrze které by mohlo vědomí vyzařovat.

---

[32] V Indii se světlo považuje za symbol vědomí, protože obojí osvětluje to, co je jinak skryto.

To ale neznamená, že vědomí tam není. Na vysvětlenou uvádí Amma příklad s větrákem na stropě. „Když žárovka praskne nebo se větrák přestane točit, neznamená, že tam není elektřina. Přestaneme-li se ovívat vějířem, který držíme, proud vzduchu se zastaví; neznamená to však, že by vzduch nebyl. Nebo když praskne balónek – není pravda, že by vzduch v něm přestal existovat. Je tam stále. Stejně tak je všude vědomí. Bůh je všude. Smrt nastává nikoli díky nepřítomnosti vědomí, ale díky zániku nástroje známého jako tělo. V okamžiku smrti tělo přestává manifestovat vědomí své Podstaty. Smrt tedy označuje konec nástroje, nikoli nějakou chybu v naší Podstatě (ve vědomí)."

Vědomí musí pokračovat v pronikání těla i po smrti, protože písma říkají, že je vše pronikající. Pravdou je, že nejsme lidským tělem opatřeným vědomím, ale spíše vědomím, které je opatřeno lidským tělem.

Na vysvětlenou písma často dávají příklad volného prostoru oproti „prostoru uvnitř hrnce". Prostor proniká celým vesmírem. Když však vezmeme hliněný hrnec, prostor uvnitř začneme označovat jako něco odděleného – „prostor v hrnci". Ve skutečnosti je ono označení nesprávné. Je to hrnec, který je v prostoru, nikoli prostor, který je v hrnci. Chcete-li důkaz, silně jím udeřte o zem. Kde je nyní „prostor v hrnci"? Můžete skutečně říci, že prostor v hrnci „splynul" s prostorem v okolí? Nikoli, od začátku vždy existoval jen jediný prostor. a tak je to s vědomím. Je vše prostupující. Nyní jej zakoušíme v souvislosti s naším malým tělem, to však není Nejvyšší Skutečnost.

Věda tradičně považovala vědomí za produkt hmoty. Věří, že proniká-li kyslík krví a oživuje složitý a záhadný systém známý jako mozek, objeví se vědomá bytost. S uvedeným tvrzením přichází strach, že když kyslík přestane proudit, mozek se zastaví, světla vypnou a vědomá bytost zmizí navždy. Svatí a moudří lidé však vždy tvrdili opak: není pravda, že vědomí je výtvorem hmoty, ale hmota výtvorem vědomí. Jinak řečeno; hmota není substrátem pro vědomí, *vědomí* je substrátem hmoty. S příchodem kvantové fyzicky začínají někteří vědci projevovat o tuto oblast zájem. Jeden z nich, jaderný fyzik Dr. Amit Goswami, působící na univerzitě v Oregonu v USA, publikoval výzkumy, kde konstatuje: „Veškeré paradoxy kvantové fyziky mohou být vyřešeny, pokud přijmeme vědomí jako podstatu naší bytosti."

Tím se dostáváme k dalšímu bodu. Je-li vědomí vše prostupující jako prostor, není pak vědomí, které funguje za mými myšlenkami a pocity stejné jako vědomí za myšlenkami a pocity všech dalších bytostí ve vesmíru? A pokud existuje něco takového jako Bůh – stvořitel, zachovatel a ničitel vesmíru – není pak moje a jeho vědomí identické? A nakonec to hlavní: ve skutečnosti vědomí nejenže proniká celý vesmír, ale samo tím vesmírem je. To znamená, že vědomí samo o sobě představuje nejzazší stavební část vesmíru. Uvedená tvrzení představují některé z hlavních principů Védanty, které – jako jakékoli jiné principy – potřebují ke své asimilaci a správnému pochopení čas, úsilí a vytrvalé studium.

Tři fáze studia védanty

Učení Védanty se dělí na tři části. Popořadě se nazývají *šravana, manana a nidhidhjásana*, tj. naslouchání učení, vyjasnění pochybností týkající se učení a asimilace učení.

Šravana

Šravana doslova znamená „naslouchání". Prvním krokem je tedy když o duchovním poznání uslyšíme. Není zde řečeno „čtení". Proč poslech a nikoli čtení? Protože naslouchání vyžaduje žijícího učitele. a sama písma uvádí, že pokud se člověk zajímá o duchovní poznání, pak je žijící guru zásadní věc. Správné studium písem se odehrává systematickým způsobem, nejprve začíná definicemi různých termínů a nakonec končí nejvyšší moudrostí *džívátma--paramátma ajkijam* – učením, že vědomí, které jest podstatou člověka a vědomí, které jest podstatou Boha (či vesmíru) jsou jedno a to samé. Měl by žák nějakou naději na úspěch, kdyby začal studium matematiky diferenciálním počtem? Stejně tak to máme s Védantou. Začít i postupovat musíme od začátku. Pouze žijící guru je schopen ohodnotit úroveň a schopnost porozumění každého studenta. Nejenže s ním osobně mluví, ale je s ním v kontaktu i mimo dobu vyhrazenou k rozhovoru, protože žák tradičně přebývá v učitelově *ašramu*. Na základě toho učitel dokáže vyhodnotit jeho slabé i silné stránky a následně mu poradit.

Jak uvedeno výše, poznání vlastní Podstaty představuje nejsubtilnější oblast veškerého vědění. „Jemnější než nejjemnější," uvádí písma. Naše studium by se tedy mělo stát pravidelnou součástí každodenního režimu. Nelze stanovit, jak přesně dlouho musíme studovat, protože úroveň studentů je různá; obvykle však lidé studují Védantu pomocí učitele desítky let, i déle. Písma a učení našeho gurua se musí stát samotnou podstatou našeho života.

Amma často říká, že šravana není pouhé běžné naslouchání. Jedná se o úplnou pozornost, ve které se dotyčný účastní celým srdcem, tedy svou celou bytostí. Jde o naslouchání, kdy se žákova mysl dokonale identifikuje s myslí učitele. Když se tak stane, myšlenky vysvětlujícího učitele se doslova rodí v mysli žáka. Nejedná se náhodou o samotnou podstatu komunikace?

Obvykle se říká, že než se někdo stane guruem, musí se nejprve stát žákem. To proto, že poznání sebe sama přichází skrze naslouchání žijícímu mistrovi. a kde získal ono poznání žijící mistr? Z naslouchání *svému* učiteli. a kde tento guru nalezl poznání? Od *svého* gurua. Tradici guru-žák či *parampara* – lze vystopovat stovky či tisíce let do minulosti. Ve skutečnosti se říká, že veškeré autentické tradice začínají samotným Bohem, stejně jako je na počátku každého stvořitelského cyklu Bůh, který představuje prvního učitele, odkrývajícího učení v podobě Véd.

Amma je však výjimka. Nikdy žádného učitele neměla. Faktem ale zůstává to, že má veškerou potřebnou kvalifikaci, aby mohla druhé vést k osvobození. Nejprve je *brahma ništa* – bytostí, která dokonale poznala a neustále prodlévá v nejzazší skutečnosti sebe sama a vesmíru. Dále; přestože nikdy neměla žijícího učitele, je schopná jednoduše vysvětlit i nejsubtilnější duchovní skutečnosti. Nikdy nestudovala Bhagavad-gítu či upanišády, přesto jasně a s přesným vhledem popisuje zcela totožné myšlenky těchto textů. Jak vidíme na jejím příkladě, výjimka potvrzuje pravidlo.

My bychom však neměli předpokládat, že mezi stejné výjimky patříme také. Výjimek je velmi málo. Kdysi Amma dostala na uvedené téma dotaz a uvedla: „Jedinec s vrozeným nadáním k hudbě možná zazpívá všechny tradiční rágy (modální stupnice) bez zvláštního tréninku. Představme si, co by se ale stalo, kdyby bez tréninku začali zpívat všichni… Amma proto netvrdí, že guru není nutný; jen říká, že několik málo jednotlivců, kteří se již narodili s mimořádným stupněm bdělosti a pozornosti, vnějšího gurua nepotřebuje."

Na vysušené skále se rostlina ujme možná zázrakem, ale kdyby tam sedlák chtěl založit pole, asi bychom ho považovali za blázna.

Manana

Další krok k získání pravého poznání představuje manana – vyjasnění pochybností. Na tomto stupni je žijící mistr jedinou žákovou podporou. Knihy se nelze na nic zeptat. Podíváte-li se na svatá písma, je zřejmé, že drtivá většina z nich existuje na principu otázek a odpovědí mezi žákem a guruem. Na úrovni manana se ujišťujeme, že neexistuje ani ta nejmenší možnost, že bychom něčemu neporozuměli či nepřijali to, co jsme se naučili na stupni šravana.

Manana má za úkol zdokonalit naše porozumění. Student by tedy měl ve skutečnosti neustále přemýšlet a mentálně si opakovat to, co mu učitel sdělil. Má to vše smysl? Pokud nikoli, měl by se gurua zeptat, aby mu to vysvětlil znovu. Nejenže se otázky doporučují, ale jsou přímo zásadní. Žák by měl ve svém životě de facto neustále testovat pravdy, které guru vyslovil, jestli v nich není náhodou nějaká díra. Jeho život by se měl stát jakýmsi nekonečným vědeckým experimentem, kde pokaždé, kdy něco podnikne, pozoruje, jestli principy, které mu byly sděleny, jsou založeny na skutečnosti. Totiž jedině tehdy, když se úplně spokojíme s tím, že učení je pravdivé, můžeme doufat v posun na další stupeň: nidhidhjásánu či asimilaci.

Tím je řečeno, že žák musí mít *šradhu* – víru a důvěru v gurua a učení. Naše testování by mělo vycházet z hlediska, že zdrojem učení je Boží princip a je tudíž bezchybné. Dotazy jsou naprosto v pořádku, ale měli bychom pochopit, že jsou podmíněné naším špatným porozuměním nikoli omylem, který by pocházel z učení. Naše otázky by měly vzejít z touhy po poznání a prohloubení svého vhledu, ne proto, abychom porazili logiku písma či učitele. Žák by měl pochopit, že guru má nekonečně větší množství znalostí než on a vyskytne-li se nějaké nedorozumění, problém bude na jeho straně. Mnozí z nás se tak bohužel nechováme.

IT inženýr se rozhodne vstoupit do armády. O prvním víkendu jej vezmou na střelnici, kde dostane nabitou zbraň. Dle instrukcí má desetkrát vystřelit na vzdálený terč.

Několikrát vystřelí a z druhého konce střelnice slyší volání, že se ani jednou netrefil. IT inženýr se podívá na svou pistoli, pak nahoru na cíl, opět na svou pistoli a zase nahoru na cíl. Pak strčí prst do hlavně a zmáčkne spoušť. Samozřejmě, prst si okamžitě ustřelí. Po chvíli nadávání volá na druhý konec střelnice: „Tady to jde docela dobře, takže chyba musí být na vašem konci."

Naše logika vypadá často podobně. Své slabosti, nedostatek bdělosti a špatné pochopení mylně projektujeme na gurua, jeho učení a spirituální cvičení, které nám předepsal. V uvedeném případě však trpíme sami.

Jak je uvedeno v sedmé kapitole, Amma zdůrazňuje postoj začátečníka. Jedná se o velmi důležitou věc, zejména když se učitele na něco ptáme. Měli bychom přicházet s tím, že si vyjasníme své pochybnosti, nikoli tedy jako oponent, ale jako dítě. Jedině člověk s uvedeným postojem bude schopen naslouchat tomu, co učitel říká a slyšené zvnitřnit. Jedinec s přístupem oponenta nemůže doopravdy slyšet, co guru říká; je zaneprázdněn formulováním své oponentury. Mysl může v jednu chvíli dělat pouze jednu věc. Když se snažíme formulovat své protiargumenty, jak můžeme zvnitřnit to, co je nám právě sdělováno?

Když správně studujeme Védántu, tak nejprve odstraníme přicházející pochybnosti. I Guru nám však bude často pokládat otázky, a sice takové, které by nás možná ani nenapadly. V roli ďáblova advokáta si možná vezme na pomoc i jiné filozofy. To vše proto, aby se ujistil, že učení rozumíme naprosto jasně mimo jakékoli pochyby. Jak uvedeno výše, stádium manana končí teprve tehdy, jakmile jsou veškeré naše pochybnosti a nejasnosti o átmánu zničeny. Až v této chvíli jsme připraveni na nidhidhjásánu – asimilaci naučeného.

Nidhidjásána

Nidhidhjásána představuje jeden z nejvíce nepochopených aspektů duchovní cesty. Nidhidhjásána znamená dokonalou asimilaci toho, co jsme se naučili a následné použití v životě. Vezměme si příklad z učení cizího jazyka – dejme tomu, že malajamštiny. Učitel ve třídě řekne: „Dobře děti, dnes se v první lekci naučíme slovo *„pustakam"*. Pustakam znamená „kniha". Když posloucháme, co učitel ve větě řekl, jedná se o šravanam. Vyjasnění si jakékoli pochybnosti o tom, jak slovo vyslovujeme nebo používáme ve větě, je manana. Nidhidhjásána je pak takové upevnění znalosti v mysli, že když někdy někde uslyším slovo „pustakam", ihned mne napadne kniha. Také, kdykoli uvidím knihu, okamžitě se mi vybaví slovo „pustakam". Když mi tedy někdo podá knihu a řekne „pazham" (banán) nebo podá banán a řekne „pustakam", ihned mi musí být jasné, že udělal chybu. Jedině za tohoto předpokladu lze říci, že jsme si dokonale osvojili poznání.

V poznávání sama sebe se učíme o povaze vlastního já, átmánu. Jak jsme již v této kapitole uvedli, písma nás učí, že naší Skutečnou Podstatou je věčné vědomí a to vědomí představuje zdroj veškeré blaženosti. Dále, že ono vědomí ve mně je tím samým vědomím ve všech bytostech – od drobného mravence po samotného Boha. a konečně, že vědomí je de facto Podstatou celého vesmíru. Pokud jsme si to osvojili, pak o sobě nemůžeme přemýšlet jako o „těle, intelektu či mysli", ale jako o vědomí. V kontaktu s druhými pak o nich nepřemýšlíme jako o něčem odděleném, ale o tom, že jsou tím, čím jsme my – protože víme, že vědomí v nich a vědomí v nás je identické. Když se podíváme na okolní svět, tak sice budeme stále vidět stromy, řeky, domy, zvířata, auta a hory atd., ale vždy si budeme uvědomovat, že jsou v podstatě jen vědomím. To se promítne do všeho, co děláme, říkáme a myslíme.

Jednou šel guru se svými žáky na výlet. Žáků bylo celkem asi čtyřicet a všichni byli oddění stejně jako jejich učitel, v bílém oblečení a bílých šátcích. Učitel byl hladce oholen, stejně jeho žáci. Na základě vnějšího vzhledu se absolutně nedalo zjistit, kdo je mistr a kdo jsou jeho žáci.

Několik hodin před západem slunce se zastavili, aby načerpali sil. Zanedlouho učitel a jeho čtyřicet žáků začali s chutí popíjet šálek čaje. V tomto okamžiku se na cestě objevil osamělý poutník. Když se přiblížil k poli, kde učitel s žáky tábořil, na chvíli se zastavil a pozoroval je. Poté se přiblížil k mistrovi a poklonil se. Když se položil ke guruovým nohám, mistr mu rukou požehnal. Muž vstal, rozloučil se a pokračoval v cestě.

Jeden z žáků, který celou událost pozoroval, začal ihned pochybovat. „Všichni jsme oblečeni stejně. Všichni máme oholené hlavy i vousy. Když se k nám ten člověk přiblížil, nikdo z nás učiteli formálně nevyjadřoval úctu. Jak se mu podařilo odlišit jej od nás ostatních?" S touto otázkou v mysli položil svůj čaj a pospíchal za poutníkem.

Když ho mladý mnich dohonil, sdělil mu své pochybnosti. Cestovatel se usmál a odpověděl. „Když jsem vás poprvé uviděl, viděl jsem, že jste všichni mniši a skutečně jsem nedokázal říci, kdo je váš guru. Pak jsem ale pozoroval, jak všichni pijete čaj. Na čtyřiceti z vás nebylo nic zvláštního – prostě skupina mužů pijících čaj. Když jsem ale pohlédl na vašeho gurua, jako bych najednou spatřil něco úplně jiného. Způsob, jakým držel svůj šálek, mi de facto připomněl to, jak matka drží své dítě. Jako by v celém vesmíru neexistovalo nic, co by jí bylo dražší. Jako by nedržel pouhý necítící předmět, ale samotného Boha v podobě kovového šálku. Tento pohled mi naprosto jasně ukázal, kdo je učitel a tak jsem šel přímo k němu a poklonil se."

Osvojení poznání vlastní Podstaty nás naprosto změní. Vidíme-li totiž, že ostatní jsou to samé, co my, na koho se můžeme pak zlobit? Na koho žárlit? O koho mít strach? Koho se bát či nenávidět? Jak praví písma:

yastu sarvāṇi bhūtānyātmanyevānupaśyati |
sarva-bhūteṣu cātāmānaṁ tato na vijugupsate ||

Ten, kdo vidí všechny bytosti v sobě samém a sebe samého ve všech bytostech, v důsledku toho (poznání) necítí nenávist.

Iša upanišáda, 6

Jak poznamenává Šankara: „Je to jen opakování známé skutečnosti. Zkušeností tedy poznáváme, že veškerý odpor se objevuje u toho, kdo vidí něco jako špatné a oddělené od sebe samého. Ale pro toho, kdo vnímá jen zcela čistou Podstatu jako nepřetržité bytí, neexistuje žádný objekt, který by vzbuzoval odpor. Proto je prost nenávisti."

Podobně, když poznáme, že naše Podstata je věčná, jaký smysl má strach ze smrti? Dále; jakmile zjistíme, že jsme sami zdrojem veškeré blaženosti, proč bychom se honili za různými smyslovými radovánkami, které svět nabízí? Budeme úplní a spokojení tak, jak jsme. Stále si budeme něco brát, abychom udrželi při životě své tělo – jídlo, vodu, přístřeší atd. – ale nepoběžíme do světa, abychom v něm hledali zdroj radosti, bezpečí, štěstí a klidu. Staneme se, jak v Gítě říká Krišna: *átmánjevátmaná tuštah* – spokojení se svou Podstatou skrze svou Podstatu.[33]

Mnoho lidí z různých důvodů věří, že nidhidhjásána (osvojení Pravdy) je něco, co provádíme v celodenní 24 hodinové meditaci, snad v nějaké jeskyni v Himalájích. Není to tak. Nidhidhjásánu můžeme jistě provádět při formální meditaci se zavřenýma očima, ale v našem běžném životě také – když děláme svou práci, trávíme čas s rodinou, bavíme se s přáteli, jíme, chodíme, mluvíme atd. Faktem je, že to dělat nejen můžeme, ale i musíme. Zde vidíme, co je myšleno tím, když písma radí, abychom „meditovali nepřetržitě". Jak jsem zmínil v osmé kapitole, to, že nám Amma doporučuje, abychom opakovali mantru „s každým nádechem a výdechem" je v mnoha ohledech příprava našeho myšlení na následnou nepřetržitou nidhidhjásánu.

V nidhidhjásáně setrváváme v naučeném a snažíme se v něm upevnit. Určitě můžeme zavřít oči, vstoupit do meditativního rozpoložení naší mysli a uplatnit duchovní pravdy a vše, co s nimi souvisí. Nejde o určitá slova, která jsou důležitá, ale o koncentraci na určitý aspekt védantického učení a neustálé prohlubování jeho vlivu. Nakonec se jedná o osvojení (a upevnění se v onom osvojení) toho, čím ve skutečnosti jsme – vše prostupujícím, věčným, blaženým vědomím – a odmítnutí, toho, čím nejsme – konečným, smrtelným, zoufajícím si tělem a myslí. Proces nidhidhjásány je dokonale završen až v okamžiku, kdy dojde k naprosté změně identifikace – přestaneme se ztotožňovat s tělem, myslí a intelektem opatřeným vědomím ale poznáváme, že jsme vědomí, které je, náhodou, momentálně „opatřeno" tělem a myslí. Uvedené poznání musí plně prostoupit naši podvědomou mysl.

---

[33] Bhagavad-gíta, 2.55

Když komunikujeme se světem, můžeme v tomto duchu přemýšlet stále. Je to jako hudba na pozadí našeho života – píseň, která neustále zní. Vzpomínám si, jak se před mnoha lety někdo Ammy zeptal, jak je možné myslet na Boha a vykonávat různou činnost. Tehdy jsme byli blízko řeky a Amma ukázala na muže stojícího v malé vesnické bárce, který po řece hnal kačeny. Řekla: „Tak maličká loďka. Muž v ní stojí, vyvažuje ji, pádluje dlouhým veslem a žene kačeny přes řeku, vše dělá současně. Veslem mácha do vody, aby pomocí zvuku ukázal kačenám správný směr, když se odchýlí z cesty. Mezi tím si i zakouří. Je-li nutné, použijte nohy, aby vytlačit vodu, která možná do loďky natekla. Někdy mluví s lidmi, kteří stojí na břehu. I když dělá mnoho věcí, v mysli se stále soustředí na loď. Kdyby jeho pozornost byť jen na chvíli poklesla, ztratí rovnováhu, loď se potopí, a on by spadl do vody. Děti, takto bychom měli žít ve světě. Ať děláme jakoukoli práci, naše mysl by se měla soustředit na Boha. Díky praxi to snadno zvládneme.“

Ve skutečnosti, když fungujeme ve světě, své potíže každodenního života můžeme využít k tomu, aby v nás podnítily védantické principy. Mějme na paměti, že pokud jsme si plně osvojili učení, tak nikdy, v žádné životní situaci nebudeme reagovat jinak, než v duchu védánty. Měli bychom vždy jednat podle pravdy, kterou písma ohledně naší Boží Podstaty, Boží Podstaty našich bližních a Boží Podstaty světa, hlásají. Amma často dává příklad někoho, kdo se na nás rozzlobí a snad nám začne i nadávat. Místo toho, abychom reagovali a naštvali se, tak si při provozování nidhidhjásány řekneme: „Pokud to „já“ ve mně je to samé „já“ v něm, tak na koho mohu být rozzlobený? Ať dělá, co dělá, jeho slova se nemohou dotknout mé Pravé Podstaty, átmánu.“ Začneme-li se z nějakého důvodu cítit osamělými, máme si říci: „Jestliže všechno štěstí opravdu existuje uvnitř, jaký je pak důvod, abych se cítil sám a v depresi?“

Kdykoli máme jakoukoli negativní reakci, měli bychom se jí postavit a odstranit ji pomocí védantického učení, které jsme poznali. Tak vypadá použití nidhidhjásány v našem každodenním životě. Je-li dokonale osvojena, tak i když nám u lékaře sdělí smutnou diagnózu, nebudeme se ani bát ani si zoufat. Naopak díky skutečnosti, že: „Toto tělo není nic jiného než kus oblečení, které jsem si oblékl a nyní nastal čas ho sundat. Já nejsem tělo. Jsem věčný! Jsem blažeností! Jsem vědomím!" – získáme sílu a odvahu.

V páté kapitole jsme probrali několik hledisek karma jógy, které můžeme zaujmout, když pracujeme. Jedním z těch, které Amma zdůrazňuje, se týká schopnosti vnímat sebe sama jako médium, pomocí kterého je práce vykonávána. Tedy ne jako vykonavatele činnosti či toho, kdo se raduje z výsledků. Když se dostaneme v duchovním životě na úroveň nidhidhjásány, tento postoj můžeme zastávat i dál. V nidhidhjásáně, i když pracujeme, si stále uvědomujeme fakt, že nejsme tělem, myslí či intelektem, ale čistým vědomím. Takže, když nyní něco děláme, stále zaměstnáváme myšlení, pouze s malou odchylkou. Tělo a mysl vnímáme jako inertní médium, které funguje ve světě jen díky tomu, že jím proudí vesmírná energie (tj. „je v rukou Božích"), ale my sami nejsme ani tělem, ani myslí, ani vesmírnou energií, ale čistým vědomím, které veškeré tyto jevy pozoruje.

Tímto způsobem se celý náš život stává jakýmsi testem. Pokaždé, když odpovíme v souladu s Védántou, tak jsme prošli. Pokaždé, když nikoli, jsme upomínáni, že je třeba větší míry asimilace. Žít v duchu Védánty se nevztahuje pouze na fyzickou či verbální úroveň. To samozřejmě důležité je, ale nejdůležitější je úroveň mysli. Když nám budou nadávat, možná se zvládneme navenek usmívat, jak ale reaguje naše mysl?

Před dvěma lety byla jednomu starému rezidentovi ašramu diagnostikována poslední fáze rakoviny. Bylo mu 79 let a žil v Amritapuri od roku 1987. Jeho diagnóza všechny překvapila. Prognóza byla jasná. Zbývaly mu maximálně dva měsíce. Na své poslední měsíce se odstěhoval do pokoje v malé charitativní nemocnici Amrita Kripa v Amritapuri. Během té doby jej navštívily a rozloučily se s ním stovky devotees a obyvatel ašramu. To, co viděli v nemocnici, byl zářný příklad Védánty – blažený muž plný radosti, který říkal, že jeho jediným přáním je opět se bez prodlení narodit, aby mohl pomáhat Ammě a její charitativní organizaci. Vůbec se nestaral o své tělo či nemoc. Namísto toho říkal: „Tato nemoc mi dává dokonalou příležitost, abych prakticky použil vše, co Amma učí." Tímto způsobem strávil své poslední měsíce, blaženě vítajíc všechny příchozí v neustálé kontemplaci nad Nejvyšší Pravdou, že v žádném případě není tělem.

V tomto ohledu Amma říká, že jako guru funguje samotný náš život. Život nás bude testovat přirozeně, ale i Amma nám občas nadhodí balón, aby viděla, jak umíme smečovat... Vzpomínám si na jednu dívku, která nebyla z Indie a chtěla, aby jí Amma dala indické duchovní jméno.[34] Hlavní duchovní praxe této dívky byla právě Védánta. Jméno, které Amma vybrala, bylo tedy hodně védantické – poukazující na pravou povahu naší Podstaty. Pro potřeby této knihy použijme například jméno „Sarva-vyapini", což znamená „Ta vše prostupující". Za nějaký čas se Amma rozhodla dát stejné jméno další ženě. Když se to ta původní Sarva-vyapini dozvěděla, nemohla to přijmout. Přišla za Ammou a rozzlobená a se slzami v očích prohlásila: „Když mě Amma dala toto jméno, bylo to jakoby mě provdala. a když ho teď dala někomu jinému, jako by mi poslala žádost o rozvod!" Amma jak to slyšela, nemohla se ubránit smíchu. Všem přítomným devotees pak vysvětlila, jak tato dívka praktikovala sebedotazování, pomocí kterého máme pochopit, že naše Podstata je vše prostupující, což znamená, že to „já" ve mně, je tím stejným „já", které je v tobě. Když ale Amma pojmenovala jménem „Vše prostupující" někoho jiného, bylo to na ni příliš. Jak by mohly existovat dvě „Vše prostupující"? Ani náhodou. Evidentně bylo třeba, aby dívka na svém osvojení praxe více zapracovala.

Při úplné identifikací s učením neexistuje žádný rozpor mezi poznáním toho, kým jsme a našimi myšlenkami, slovy a činy.

---

[34] Lidem nepocházejícím z Indie Amma často dává na přání sánskrtské jméno s duchovním významem.

Vrátíme-li se k příkladu se studiem cizího jazyka, tak můžeme říci, že člověk ho dokonale zvládne tehdy, když je schopen plynule mluvit s každým – když mu slova plynou z úst automaticky. Tento člověk se pak nemusí zastavit a použít slovník. Neexistuje u něj mentální formulace věty nejprve v mateřském jazyce a následný myšlenkový překlad do nového jazyka než začne mluvit. Jedná se o snadné, souvislé plynutí. Tak to musí vypadat s poznáním naší Podstaty. Když někdo ve skutečnosti dokonale zvládne nějakou řeč – kterou dokonce nahradí svou mateřštinu – pak v novém jazyce i sní. Stejně tak se předpokládá, že nidhidhjásána vyvrcholí v uvědomění si naší Skutečné Podstaty, které trvá nejen v našem bdělém stavu, ale i když sníme. Včetně hlubokého spánku... Amma říká, že je to její zkušenost – že když spí, tak prostě pozoruje, že její mysl spí.

Jak vyhodnotit, zda děláme pokrok

Amma říká, že jsou jen dva způsoby, jak poznat, zda se po duchovní stránce nějak zlepšujeme: naše schopnost zachovat mentální klid navzdory nepříjemným situacím a množství soucítění, které máme v srdci vůči těm, kteří trpí. Tyto dva způsoby proto, že jsou přímým důsledkem použití dvou základních principů Védánty – první je uvědomění si, že naší Podstatou je vědomí, druhý je uvědomění, že vědomí ve mně je to stejné vědomí, které je přítomno ve všech ostatních.

Pokud jsem si správně osvojil první princip, pak ať se mi v životě stane cokoli, nevyvede mě to z míry. Banka, kde mám úspory, může zkrachovat, moji nejbližší mě opustí, vyhoří mi dům, najdou mi nevyléčitelnou nemoc nebo dostanu padáka z práce... ať se stane cokoli, neztratím svůj klid mysli, protože jsem si dokonale osvojil učení, že mou pravou Podstatou není ani tělo ani mysl, ale věčné a blažené vědomí. A zajímá vědomí, že nemá peníze? A co vědomí na to, když mu shoří domov? A stará se vědomí o to, když tělo onemocní a umře? Vědomí je věčné, vše prostupující a stále blažené. Nic se ho nedotkne. a když se nám podaří se s vědomím dokonale identifikovat, nikdy nemůžeme negativně reagovat na žádnou nepříjemnou událost vnějšího světa. Naše schopnost udržet klid, i když se nalézáme v tom největším pekle, je přímo úměrná tomu, do jaké míry jsme si tuto pravdu osvojili.

A když jsme správně aplikovali druhý princip – že naše vědomí je stejným vědomím ve všech ostatních – budeme s nimi soucítit. Na vysvětlenou Amma často používá příklad o říznutí se do ruky. Když se řízneme do levé ruky, tak pravá ihned přijde na pomoc – ránu umyje, aplikuje dezinfekci a převáže. Pravá levou ruku neignoruje a nemyslí si: „Ne, to je druhá ruka. Co mám s tím dělat já?" Ne, jasně vidí, že je s levou rukou nevyhnutelně spojena, že levá i pravá ruka představují jednu stejnou živou bytost a adekvátně tomu se chová. Když se prstem píchneme do oka, tak si ho neusekneme. Prstem oko promneme a uklidníme. Takže jakmile si jednou plně uvědomíme jednotu se všemi bytostmi, zcela přirozeně následuje, že jejich utrpení bereme za své utrpení a jejich radost považujeme za svou radost. Čím větší soucítění při pohledu na trápení druhých máme, tím dokonaleji jsme dokázali tento princip do života začlenit.

Krišna v Bhagavad-gítě Ardžunovi vysvětluje slovy:
ātmaupamyena sarvatra samaṁ paśyati yor'juna |
sukhaṁ vā yadi vā duḥkhaṁ sa yogī paramo mataḥ ||

Ten jogín, Ó Ardžuno, je pokládán za nejvyššího, který vždy vidí, vnímá radost či bolest druhých jako svou vlastní..

Bhagavad-gíta, 6.32

Amma říká, že jako součást své védantické praxe bychom se měli podle doporučených principů chovat alespoň na venek. To znamená, že i když soucítění nepociťujeme, měli bychom se soucitně chovat. Skutečně nemusíme cítit trápení trpícího člověka, ale měli bychom se chovat, že tomu tak je – a jak to jen jde mu pomoci. Amma říká, že expanzivní jednání postupně umožní expanzivitu naší mysli. Jedná se bezpochyby o jednu z motivací, které daly vzniknout všem humanitárním projektům. Amma chce pomoci trpícím, chudým a nemocným lidem, ale zároveň má zájem vytvořit pro své žáky a devotees příležitost, aby dělali věci, které jim umožní transformovat myšlení.

Činnost versus nečinnost

Mnoho lidí se mylně domnívá, že ve džnána józe bychom se měli vyvarovat veškeré činnosti. Tento omyl existoval i v dávné historii. V Bhagavad-gítě Šrí Krišna jasně říká Ardžunovi:

kim karma kim-akarmeti kavayo'pyatra mohitāḥ |

Co je činnost? Co je nečinnost? Ohledně odpovědi se mýlí i moudří mužové.

Bhagavad-gíta, 4.16

Krišna poté pokračuje s vysvětlením, že „vzdát se činnosti" znamená vzdát se představy, že jsme komplexem těla a mysli – nikoli doslovně přestat se vší činností. Krišna to vysvětluje veršem, který zní trochu jako hádanka:

karmaṇya karma yaḥ paśyedakarmaṇi ca karma yaḥ |
sa buddhimān-manuṣyeṣu sa yuktaḥ kṛtsna-karma-kṛt ||

Ten, kdo vidí nečinnost v činnosti a činnost v nečinnosti, je moudrým mezi lidmi, je jogínem a završitelem všeho.

Bhagavad-gíta, 4.18

Vysvětlení spočívá v tom, že člověk se spirituálním uvědoměním ví, že i když jeho tělo pracuje a mysl myslí, vědomí – jeho pravá Podstata – zůstává vždy nečinné. a naopak chápe, že i když by vypadal jako nečinný – tj. během spánku, meditace nebo při tichém sezení – tak pokud se bude identifikovat se svou myslí a tělem, ještě netranscendoval činnost.

Pak, v souvislosti s druhem nečinnosti, kterou hledáme v duchovním životě, Krišna tuto problematiku uzavírá slovy:

karmaṇyabhipravṛttopi naiva kiṁcit-karoti saḥ ||

Přestože ponořen v činnost, ve skutečnosti (mudrc) nedělá nic.

Bhagavad-gíta, 4.20

Nesprávné pochopení, že vyvrcholením duchovního života je sezení v nějakém katatonickém stavu nebo neschopnost dělat něco užitečného se Amma celý svůj život snaží vehementně vyvrátit. Jednak ve svých proslovech, kdy si pravidelně dělá legraci z tak zvaných znalců Védanty, kteří prohlašují *aham brahmasmi* – „Jsem Brahman", ale stěžují si, když nedostanou včas večeři a svůj čaj. Říká jim „védantští knihožrouti". Jejich poznání se nejen omezuje pouze na knihy, ale svým pokrytectvím ničí i smysl knih samotných. Skutečný znalec Védánty nejenže káže, ale co káže, tak dělá i v praxi.

Bez vedení kvalifikovaného gurua se můžeme snadno stát obětí vlastního „chytrého" ega a začít upravovat písma tak, aby sloužily tomu, co se nám líbí či nelíbí.

Kněz překročí rychlost a chytne ho policie. Když přijde k autu, kněz otevře okýnko a cituje: „Blahoslavení milosrdní, neboť oni dojdou milosrdenství."

Policista mu podá lístek a kontruje: „Jdi a nehřeš."

Amma říká, že ten, kdo opravdu poznal átmán, je pokornější než nejpokornější, protože vidí ve všem přítomného Boha. Není to něco, co vidíme u Ammy? Během Devi Bhava všem žehná květy. Proč? My to bereme jako určité požehnání, ale ona ze svého pohledu prostě jen uctívá Boha – a obětuje květy jeho tisícerým podobám. Kdysi se jí jeden novinář zeptal, zda je svými devotees uctívána: „Ne, ne, je to přesně opačně. Já uctívám je." Uvědomění, že „nejen já jsem Brahman, ale také kdokoli jiný" je finální příčinou její pokory. Proto vidíme, že Amma se vždy pokloní – věcem, které dostane, svým devotees a návštěvníkům, sklenici vody, které jí podáváme, všemu. Bohužel také vidíme mnoho pošetilých hledajících, kteří se stávají arogantnější s každou novou upanišádou, kterou nastudují. Není to chyba písem, ale žáků. Amma si občas dělá legraci, že označovat za znalce Védánty toho, kdo neumí prakticky používat, co zná, je jako kdybychom říkali chromému „Natarádža" nebo šilhavé ženě „Ambudžakší"[35].

Vzpomínám si, jak se kdysi jeden nový brahmačari ptal Ammy, jestli přijde okamžik, kdy se člověk musí rozhodnout přestat s činností nebo činnost přestane přirozeně sama od sebe. Aby jej vyvedla z omylu, Amma tehdy prohlásila: „Šrí Krišna nikdy nepřestal s činností, stejně tak Amma. Nejde o to, vzdát se činnosti, ale vzdát se představy, že člověk je tělem, které činnost vykonává."

Tento omyl Amma však nevyvrací ani tak slovy, jako tím, jak celý život funguje. Vidíme v ní bytost, která skutečně, každým slovem, pohledem či gestem vyzařuje nejvyšší poznání. Její moudrost nezná hranic. Neexistuje pro ni nic, než boží blaženost. Hory, obloha, slunce, měsíc, hvězdy, lidé, zvířata, hmyz – pro Ammu představuje vše rozličné paprsky světla, ve kterých se zrcadlí nekonečné aspekty diamantu vědomí, o němž ví, že je její Podstatou. Kdyby Amma ve skutečnosti chtěla, snadno by mohla zavřít oči a ignorovat ty maličkosti, které vnímáme jako jméno a formu, s vědomím, že mají asi stejný význam jako měnící se tvary mraků na nekonečné obloze. Nikdy to ale neudělala

---

[35] Běžná indická jména. Natarádža, jméno Boha Šivy, znamená Pán tance; Ambudžakši je jméno Devi, které znamená „Ta, s lotosovýma očima".

a neudělá. Naopak sestupuje na úroveň těch, kteří ještě jejího uvědomění nedosáhli. Drží nás, otírá nám slzy, poslouchá naše problémy a pomalu, ale jistě, nás vede výš. Taková činnost, pro ni de facto žádnou činností není. Přestože se každým okamžikem svého života snaží pomoci druhým, ve svém srdci ví, že je, vždy byla a vždy bude bez činnosti. Tak pro Ammu vypadá Védanta.

Kapitola desátá

Osvobození za života a po něm

Dživanmukti není něco, čeho lze dosáhnout po
smrti, nebo zažít či dosáhnout v jiném světě. Jedná
se o stav dokonalého uvědomění a vyrovnanosti, který
lze zakusit zde a tady na tomto světě, když žijeme
v těle. Požehnané bytosti, které sjednocením se svou
Podstatou zažívají nejvyšší Pravdu, se již nemusí
znovu narodit. Splynou s nekonečným vědomím.

–Amma

JAKMILE JSME SI dokonale osvojili *átma džňánu* (poznání své Podstaty), dosáhly jsme kulminace duchovního života – absolutní transcendence veškerého utrpení. Uvědoměním, že nejsme tělem, myslí a intelektem, ale vše pronikajícím, věčným a blaženým vědomím, na nás přestanou působit veškeré podoby mentálního utrpení, které lidstvo trápí. Když poznáváme svou Podstatu jako zdroj veškeré blaženosti, co chtít víc? Vidíme-li vše jako rozšíření sebe sama, na koho se můžeme zlobit? Na koho žárlit? Žádné zklamání co se světa týče, není možné. Jsme permanentně svobodní a blažení. Toto obrácení naší identifikace musí být trvalé. Svět ani sebe sama už nikdy nebudeme vnímat jako dříve. Naše „oko moudrosti" se otevře a nic ho již nikdy neuzavře.

Je to skoro stejné jako u obrázků s optickým klamem – s obrazy skrytými v obrazech. Nejprve všichni vidíme jasně viditelný obraz, řekněme les. Ať se snažíme sebevíc, žádnou lidskou tvář mezi stromy prostě nevidíme. Za zády stojí známí, kteří říkají: „Jak to děláš, že to nevidíš? Je to přesně tam!" My ale stále nic.

Díváme se, díváme, ale vidíme pouze stromy. a pak – najednou – to máme. Lidská tvář. Od toho okamžiku, kdykoli se na obraz podíváme, vidíme mezi stromy lidskou tvář. Přijde někdo další a chce to také uvidět, ale nejde mu to. My jsme však už mězi těmi, kdo mu stojí za zády a říkají: „Ty, *dělej*! Vždyť je to úplně jasné. Je to přímo *tam*. Copak to nevidíš?" Podobně to vypadá s osvícením. Jakmile si plně uvědomíme poznání, není už návratu. Budeme navždy svobodní a v klidu. Uvedenému stavu se říká *džívanmukti* – osvobození za života.

Džívanmukti je změna v uvědomění, nikoli ve fyzickém vidění. Stále vidíme dualistický svět – hory, řeky, stromy, staré lidi, mladé lidi, muže, ženy atd. – navždy jsme však získali poznání, že tyto entity jsou pouhými měnícími se formami a jmény na věčné podstatě čistého vědomí. Jako s „obrázkem v obrázku". Není pravda, že jakmile jednou uvidíme tvář, nemůžeme už nikdy vidět stromy. Vidíme je stále, ale lidská tvář tam už prostě je a dívá se zpětně na nás. Tento „pohled" Amma často vysvětluje na příkladu zlata. Stále víme, že všechny zlaté šperky jsou ve své podstatě samotným zlatem. I přes toto poznání si ale stále uvědomujeme, k čemu jednotlivé šperky slouží. Prstýnek na prst u nohy si nedáme na ruku, nákotník přijde na kotníky, náhrdelník na krk, náramek na ruku, náušnice do uší a kroužek do nosu na nos. a protože víme, že jsou všechny ze zlata, všech si vážíme a dáváme na ně velký pozor. Nepřipomíná vám to náhodou, co dělá Amma? Vidí veškeré naše rozdíly a rozdílným způsobem k nám přistupuje; vše s ohledem na naše vlastnosti a psychický stav. Přesto v nás ve všech stále vidí zlato. V jejích očích máme tak všichni stejnou hodnotu. Tímto úhlem pohledu džívanmukta pohlíží na okolní svět.

Vizi džívanmukty obsahuje verš Bhagavad-gíty, který se tradičně recituje před jídlem:

brahmārpaṇaṁ brahma havirbrahmāgnau brahmaṇā hutaṁ |
brahmaiva tena gantavyaṁ brahmakarma samādhinā ||

Obětní nádoba je Brahman, obětované je Brahman,
pomocí Brahman se obětuje do ohně Brahman;
V Brahman se ponoří ten, kdo rozpoznává ve své
činnosti pouze Brahman.

Bhagavad-gíta, 4.24

Krása tohoto verše spočívá v tom, že na představě védského rituálu ukazuje, že veškeré prvky jakékoli činnosti jsou v podstatě pouhým vědomím – nástrojem činnosti (zde, obětní nádobou), přímým předmětem činnosti (samotným obětováním), subjektem činnosti (tím, kdo obětování vykonává), místem činnosti (ohněm, který obětinu pojme) a také výsledkem činnosti (zásluha získaná vykonáním rituálu). Je žádoucí, abychom tento pohled použili na všechny nástroje činnosti, předměty činnosti, subjekty činnosti, místa činnosti a výsledky činnosti – tj. na každý aspekt čehokoli, co se děje pod sluncem. Před jídlem recitujeme tento verš jako součást nidhidhjásány (osvojení) – abychom si připomněli, že lžíce je Brahman, jídlo je Brahman, „jedlík" je Brahman, trávicí systém je Brahman a spokojenost po jídle je také Brahman. Pokaždé než začnou jíst, recitují uvedenou *mantru* na celém světě miliony lidí; kolik z nich se však skutečně zamyslí nad jejím významem? S kapkou bdělosti se tyto mantry stanou silným prostředkem, jak si připomenout vznešenost naší Skutečné Podstaty.

Pro inspiraci

V Ammě máme příklad osvícené žijící bytosti a to představuje jeden z důvodů, proč, jako její děti, máme velké štěstí. Vše, co dělá a říká, nám může sloužit jako připomenutí a inspirace k dosažení nejvyššího životního cíle. Když dítě vyrůstá v prostředí, kde nikdo nikdy ničeho nedosáhl, bude pro něj velmi těžké uvěřit, že on sám by mohl něčeho dosáhnout. Když se však někdo z jeho okolí odváží a stane se, řekněme, prezidentem republiky, bude obrovským příkladem pro všechny tamější obyvatele. Jako když kdysi Roger Bannister pokořil hranici čtyř minut za míli. Před ním panovalo všeobecné přesvědčení, že míli nelze pod čtyři minuty nikdy uběhnout. Poté, co to Bannister roku 1954 dokázal, několik jedinců ho ihned následovalo. Nikdy bychom neměli podceňovat sílu žijících příkladů.

Tak pouhé pozorování osvícené bytosti nás změní. a zajisté, když uvidíme a budeme pozorovat Ammu – a lásku, kterou vyzařuje, její soucítící úsměv a milé pohledy – tak změna přijde. Přijde proto, že se tváří v tvář setkáme s živým důkazem našeho plného potenciálu. Pokud jsme nikoho jako je Amma nespatřili, kdo nám může vyčítat, že stav osvícení považujeme za pouhý mýtus?

V Ammě vidíme někoho, kdo žije s dokonalým plodem átma džnány – žádný vztek, žádná nenávist, žádná žárlivost ani sobecká přání, jen soucit se všemi bytostmi, klid a štěstí nezávisle na vnějších podmínkách. To vše jsou přímé výsledky jejího krystalicky průzračného uvědomění, čím je a čím není.

Pravá svoboda

V tyto dny mnoho lidí mluví o svobodě. Nikdo si nepřeje, aby mu někdo říkal, co má dělat. Chceme přicházet a odcházet, jak se nám zlíbí. Chceme rozhodovat o svém oblečení, účesu, svých kamarádech, o svém manželovi či manželce, o budoucím rozvodu atd. V určitém ohledu můžeme naši svobodnou volbu u těchto věcí nazvat svobodou. Jsme ale opravdu svobodní? Podíváme-li se podrobněji, uvidíme, že jedinec, který uplatňuje svou osobní svobodu při možnostech volby, je otrokem svých preferencí. Leží-li naše Podstata mimo mysl, není trochu divné, že dovolujeme mysli řídit náš život?

Amma poznamenává, že sice jsme „svobodní" s ohledem na výběr toho, co se nám líbí či nelíbí, nejsme však svobodní, když přijde na způsob, jak reagujeme na plody svých činů. Máme například svobodnou volbu obarvit se na fialovo a ostříhat „na pankáče", ale když se nám budou všichni smát, budeme míst stejnou svobodu vybrat si, jak reagovat? Nikoli, bude nám smutno, stydno nebo se začneme vztekat aj. Chybí nám svoboda k tomu, abychom na posměšky reagovali úsměvem. Takže, říká Amma, míra naší svobody je omezená. Džívanmukta má však svobodu rozhodnout se nejen o tom, co udělá, ale i jak bude na výsledek svého rozhodnutí reagovat.

Vzpomínám si, v souvislosti s těmito řádky, na jeden její vtip. Poté, co na daršan přišlo několik Američanů s punkovým účesem, Amma poznamenala: „Dnes, když staří lidé vidí šílené účesy mladých, tak se smějí. Stejně se smějí i mladí, když vidí tradiční účesy starých – např *sikhu* (vyholenou hlavu s copánkem – brahmánský účes – pozn. překl.). Ale obě strany, jak mladí tak staří se smějí, když vidí oholenou hlavu *sanjásina*! Tak v duchovním životě bychom se měli stát právě tou „oholenou hlavou" – obětovat své já pro štěstí druhých."

Jen pokud dosáhneme džívanmukti a oprostíme se od své mysli, můžeme tvrdit, že jsme skutečně svobodní. V tomto stavu nad námi naše minulé představy ztratily moc. Není to tak, že se staneme jakýmsi hlupákem, který si nevzpomene, že oheň pálí. Ale stavíme se ke každé zkušenosti s novým a nezatíženým myšlenkovým postojem. Na životě osvobozených bytostí pak vidíme, že život přestane být pojímán jako místo, kde získáváme věci pro sebe, ale kde je získáváme pro druhé – dávání zvítězí nad braním. Dříve jsme pracovali pro své materiální potřeby, nyní s radostí pracujeme pro ostatní. Dříve jsme uznávali dharmu jako součást cesty k osvobození. Nyní ji následujeme, abychom byli jasným příkladem pro okolní svět – a přinášeli druhým klid a štěstí. Jak říká Krišna:

saktaḥ karmaṇyavidvāṁso yathā kurvanti bhārata |
kuryādvidvāṁstathāsaktaḥ cikīrṣurloka-saṁgraham ||

Jako neosvícený jedná na základě připoutanosti k činu,
Ó Ardžuno, tak má osvícený jednat bez připoutanosti,
toužíce po dobru světa.

Bhagavad-gíta, 3.25

Amma říká, že si svou Boží Podstatu uvědomovala již od narození, což lze vidět na tom, jak se v životě chovala. Nikdy snad nikdo nepoznal dharmičtějšího jedince. Chudým a nemocným pomáhala již jako malé dítě; pro sebe si brala minimum a maximum dávala druhým. I dnes celý svůj život věnuje nejen osobnímu požehnání všech, kteří přijdou na daršan, ale i managementu mezinárodní humanitární organizace. Výkonně řídí charitativní nemocnice, hospice, dětské domovy, domovy pro seniory, vzdělávací instituce, programy pro osoby bez domova, projekty pro zaměstnanost, lékařské tábory, humanitární pomoc... je toho bezpočet. Ani jeden z těchto počinů nevznikl jako výsledek nějaké prázdnoty, kterou by v sobě pociťovala a snažila se vyplnit pomocí altruistických skutků. Jedná se o nesobecké přání, aby dala okolnímu světu příklad k následování. Přesně tak džívanmukta tráví zbytek života – v blaženém úsilí pomoci a pozdvihnout své spolubližní. I když dokonale pochopíme to, že veškerá blaženost, kterou hledáme v okolním světě, pochází ve skutečnosti z našeho nitra, neznamená to ještě, že přestaneme s veškerou činností. Znamená to pouze, že přestaneme provádět činnost za účelem získání štěstí. Jakmile poznáme, že naše pero není obyčejným perem, ale perem plnicím se vlastní inkoustovou náplní, budeme ho nadále namáčet v inkoustu? Určitě ne. Ale v psaní pokračovat budeme. Takový je džívanmukta.

Vidéhamukti

Písma říkají, že když džívanmukta dojde na konec svého života, dosáhne stavu *vidéhamukti*. Vidéhamukti znamená „osvobození těla". Abychom to správně pochopili, nejprve si musíme vysvětlit to, co se po smrti stane s člověkem, který *ne*dosáhl osvobození. Mudrci a svatí lidé prohlašují, že na průběh života lidských bytostí, a jejich příštích životů, mají vliv plody vykonaných činů. Amma říká, že kdykoli něco uděláme, vzniknou dva výsledky – viditelný a neviditelný. Viditelný výsledek je ovlivněn společenskými, přírodními, fyzikálními a jinými zákonitostmi zatímco neviditelný výsledek se manifestuje na základě zákonitostí jemnějších a je odvislý od motivace, která za naším činem stála. Pokud byla motivace ušlechtilá, nesobecká, pak adekvátní neviditelný výsledek přinese *púnja* – pozitivní plody. Byla-li motivace nepoctivá, sobecká či poškodila druhé, pak bude vše *pápa* – negativní. Viditelné výsledky přichází v podstatě ihned. Výsledky neviditelných činů ale nelze odhadnout. Přichází ve své časové posloupnosti, možná v tomto životě, možná v dalším a ukazují se jako příznivé či nepříznivé podmínky či okolnosti.

Dovolte mi jeden příklad. Když někoho strčím, viditelným výsledkem bude, že se pohne tím směrem, kterým jsem uplatnil sílu. Dejme tomu, že někoho vystrčím z vlaku, protože mu chci ublížit. V tomto případě se jedná o nedobrý motiv, který se dříve či později zajisté manifestuje jako negativní výsledek. Možná že v příštím životě mě někdo vyhodí z jedoucího vlaku také. Na druhou stranu, pokud bych někoho vystrčil z vlaku proto, že vlak každou chvíli vybuchne a budu chtít dotyčnému zachránit život, pak zde máme šlechetný čin, což časem vyvolá nějaký pozitivní výsledek. Možná že mě jednoho dne někdo zachrání před nebezpečím.

Během našeho života se veškeré naše činy zaznamenávají. Amma říká: „Během našeho života se všechny naše myšlenky a činy zaznamenávají na určité jemné úrovni, která funguje jako přehrávač. Podle záznamů, které *džíva* (jednotlivec) ve svém životě nastřádal, obdrží další tělo, během jehož existence budou přehrány důsledky jeho předešlých záznamů."

Zaznamenané činy se dělí na tři kategorie: *prarabdha karma, sančita karma* a *agami karma*. Sančita karma je celá naše karmická zásobárna – dobrá i špatná. Obsahuje záznamy věcí, které jsme nastřádali za mnoho životů. Prarabdha karma představuje tu část karmy, která se oddělí ze zásobárny sančita karmy, aby dozrála v tomto životě. Naše prarabdha ovlivňuje, kde se narodíme, jakým rodičům a sourozencům, náš fyzický vzhled atd. Určuje také, kdy a jak zemřeme. Agami karma posléze představuje výsledek činů, které provádíme v současném životě. Některé z nich přinesou plody během tohoto života a zbytek se po naší smrti přidá do zásobárny sančita karmy.

Když celý cyklus podrobíme analýze, jasně nám vyplyne, že zde není konce. Nemůžeme mluvit o vyčerpání karmy, protože každým dnem tvoříme novou. Takže výraz „vyčerpání veškeré vlastní karmy" je v tomto ohledu nesprávný. Cesta neosvícené duše představuje věčný koloběh zrození a smrti, kterému se říká *samsára*.

Džívanmukta je ale schopen karmu „překročit". Cyklus může pokračovat dál, on z něj však najednou „vyskočí". To se stane tak, že nasměruje svou totožnost od těla, mysli a intelektu k vědomí. Ve vědomí neexistuje ego – pocit, že jsem oddělenou bytostí, která dělá a má ráda to či ono. *Púnja* a *pápa* – zásluhy a chyby – vznikají pouze tehdy, když fungujeme z hlediska ega. Takže ihned po osvícení přestáváme vytvářet novou karmu.

Na rozdíl od většiny z nás se džívanmukta po své smrti již nerodí. Protože se ztotožnil s vše prostupujícím vědomím ještě ve svém těle, nemá po smrti kam jít. Prostě splyne s Nejvyšší Skutečností – se kterou se již identifikoval. I když zásobárna sančita karmy může mít zbylou karmu na celé eony let, není zde terč, kam by se mohla strefit. Terč sám o sobě zmizel. Když se vzbudíme, musíme splácet půjčku, kterou jsme si vzali ve snu? Nemusíme. Stejně to vypadá se sančita karmou po smrti těla džívanmukty.

Jediné, co zanechá, je prarabdha karma. Prarabdha karmu bude podle písem džívanmukta zažívat až do své smrti.

K vysvětlení uvedeného konceptu Amma často používá příklad s větrákem. I když vypneme proud, tak se ještě nějakou dobu bude otáčet. Ve skutečnosti je to jen díky prarabha karmě, že vůbec žijeme. Tato karma víceméně určuje čas a okolnosti naší smrti. Náš poslední výdech přijde ve chvíli, kdy se vyčerpá. Díky identifikaci s vědomím a nikoli s tělem, prarabdha na džívanmuktu příliš nepůsobí. Fyzická bolest je fyzická bolest a té bude muset čelit. Poznání, že není tělem, však tuto bolest z velké části zmírní. Amma dále říká, že džívanmukta je schopen odpoutat svou mysl od smyslů svou pouhou vůlí.

Podíváme-li se na svůj život, vidíme, že fyzická bolest není zdaleka tou největší příčinou našeho utrpení. Většinou se jedná o emocionální trápení, které jde ruku v ruce s bolestí fyzickou – strach, napětí a starosti. Jednoho dne se například vracíme domů z práce a jsme přepadeni. Násilník nás udeří do hlavy a vezme nám peněženku. Fyzická bolest není tak hrozná, za pár dní přejde. Ale strach v nás může přetrvat roky, možná i celý život. Nebo nám najdou nevyléčitelnou nemoc. Může trvat léta, než se objeví vážné vnější příznaky, ale strach a úzkost z naší budoucnosti může nahlodávat každý okamžik našeho bdělého života a posléze zničit schopnost radovat se. Džívanmukta tedy zažije okamžikovou bolest, nikoli však úzkost a strach, které jí předchází či následují.

Podíváme-li se na to z jiného úhlu, můžeme říci, že džívanmukta žádnou prarabdhu nemá. Jak to? Protože džívanmukta se nepokládá naprosto v žádném ohledu za tělo. Ale pouze za věčné a blažené vědomí. Vědomí žádnou prarabdha karmu nemá – nemělo a nikdy mít nebude. Ve skutečnosti u jednotlivce, u něhož nastalo dokonalé s jednocení s átmánem, nelze mluvit o „osvobození" či „nesvobodě". Zní to podivně, ale na stupni átma džňány poznáváme skutečnost, že jsme nikdy nebyli nesvobodní. Vědomí nelze ničím omezit. Svázaná byla pouze mysl a džívanmukta pochopil, že není svou myslí a nikdy jí nebyl. Rozdíl mezi džívanmukti a vidéhamukti je v tomto ohledu pouze pro ty, kteří ještě osvobození nedosáhli. Bytost s átma džňánou ví, že je „od těla osvobozena" i když její tělo ještě žije. Všechna těla jsou pro ni identická. Se „svým" ani s jiným tělem se již neztotožňuje. Z jeho pohledu není v těle, ale všechna těla jsou v něm. Zde je vysvětleno, co Amma myslela větou: „Tuto viditelnou formu lidé nazývají „Amma" či „Máta Amritánandamají Devi", ale uvnitř existující Podstata nemá ani jméno ani adresu. Prostupuje vše."

K tomuto poznání dospějeme všichni. Máme tu slib jak od Ammy, tak ze svatých textů. „Je to jen otázka času." Říká Amma. „Pro některé poznání již nastalo; pro jiné přijde každou chvíli; a pro další přijde později. Nemysleme si, že když ještě nepřišlo či možná nepřijde v tomto životě, že se tak nestane nikdy. Nesmírné poznání čeká uvnitř vás, až mu dovolíte se odhalit."

Neexistuje nic cennějšího než přítomnost a učení žijícího sadgurua jako je Amma. Všechny naše životy jsou v tomto ohledu prostoupeny požehnáním. Jak moc tohoto požehnání využijeme, je jen na nás. Naším „svolením" je naše upřímnost; tj. úsilí naladit se na stejné mentální frekvence jako Amma, spojit svůj život s jejím a rozpustit náš egoizmus v její boží vůli. Jakmile to uděláme, dojde nám, že funguje jako katalyzátor – zrychlí náš vývoj a poskytne podporu na této Nadčasové cestě.

‖oṁ lokāḥ samastāḥ sukhino bhavantu‖

Óm. Ať všechny bytosti ve všech světech jsou šťastny.

Průvodce výslovností

Bůh rozumí našemu srdci. Otec ví, že jej dítě volá
a miluje ho, ať mu říká „táta" nebo „dada". Stejně
tak tím nejdůležitějším je láska a koncentrace.

–Amma

Písmena se spodními tečkami (t, th, d, dh, n, l) představují palatální souhlásky; vyslovují se pomocí špičky jazyka dotýkající se tvrdého patra. Písmena bez těchto teček představují dentální souhlásky a vyslovují se s jazykem proti zubům. Souhlásky se většinou vyslovují s velmi malým přízvukem, pokud ihned za nimi nenásleduje h (kh, gh, th, dh, ph, bh, etc), v tomto případě je přízvuk silný.

a	jako e
ā	jako á
i	jako i
ī	jako í
u	jako jů
ū	jako ů
e	jako éj (v sánskrtu vždy dlouze)
o	jako ó (v sánskrtu vždy dlouze)
ai	jako ej
au	jako au
r	jako ri
kh	jako v anglickém bun*kh*ouse (tvrdě vysloveno)
gh	jako v anglickém long*h*ouse (tvrdě vysloveno)
n	nosové n
c	jako č
ch	jako š (vysloveno tvrdě)
jh	jako dž ve slově *dž*em (tvrdě vysloveno)
n	jako ň

th   jako t (tvrdě vysloveno, s jazykem u kořene zubů)
dh   jako dh (tvrdě vysloveno, s jazykem u kořene zubů)
ph   jako ph či   jako f
bh   jako bh
v   jako v
ġ   jako si (měkce vysloveno, viz anglické effi*ci*ent)
sa   jako š
h   jako ch

Terminologie

Adi Šankaračarja: mahátmá, který sjednotil filozofickou školu Advaita Védanty. Mezi jeho nejvýznamnějsí příspěvky patří komentáře k 10 upanišádám, Bhagavad-gítě a Brahma sútrám.

Adityas: nižší božstva, děti Kašjapy a Aditi.

Agami karma: Zásluhy a nedostatky vznikající díky naší činností v současném životě.

Ahimsa: praxe nenásilí.

Akaša: živel prostor.

Amrita Niketan: dětský domov v Parippalli, Kollam Distrikt, Kerala, zřízený Mata Amritanandamayi Math.

Amritapuri: hlavní ašram Ammy, situován v Parayakadav, Alappat Pancayat, Kollam Distrikt, Kerala.

Anadi: bez počátku.

Ananta: bez konce, nekonečný, neohraničený.

Anátma: „ne átmán" – to, co je jiné než vnitřní Podstata; to, co podléhá změně.

Anžali mudra: druh uctivého pozdravu, při kterém se spojí dlaně, aby symbolicky vyjádřily lotosový květ.

Aparigraha: nehromadění, nebraní toho, co není nezbytné pro náš život. Poslední z pěti principů jama v Pataňdžaliho systému aštanga jógy.

Arati: rituál, při kterém se před sochou, obrazem či mahátmou rituálně krouží hořícím kafrem.

Arčana: uctívání obětováním manter. V souvislosti s ašramem Ammy termín označuje recitování 108 jmen Ammy a Lalitha Sahasranamam.

Ardžuna: jeden z hlavních představitelů Máhábháráty, který se stal Krišnovým žákem a obdržel moudrost, o které pojednává Bhagavad-gíta.

Arta bhakta (arta): ten, jehož oddanost k Bohu vzniká na základě modliteb za odstranění utrpení.

Arthárthi bhakta (artharthi): ten, jehož oddanost je založena na modlitbách za svá přání.

Ásána: posez, *jogínské* protažení či pozice.

Ašram: hinduistický klášter, kde žije guru se svými žáky; stupeň života.

Astéja: nekradení, třetí z pěti principů jama Pataňdžaliho systému aštanga jógy.

Asuri sampat: démonické vlastnosti.

Átma-anátma vivéka: rozlišování mezi tím, co je átma (neměnný svědek) a tím, co átma není (veškeré objekty, které jsou předmětem změny).

Átma džnána: poznání vlastní Podstaty.

Átmán: Podstata – věčné, blažené vědomí, které prostupuje a osvěcuje mysl, tělo a vesmír.

Átma samarpanam: odevzdání se.

Átma pudža: rituál, který Amma vede a provádí před Devi Bhava.

Avastha-traja vivéka: mentální odlišení vědomí od třech stavů mysli (bdělého stavu, spánkového stavu a stavu hlubokého spánku).

Bhadžan: chvalozpěv; uctívání.

Bhagavad-gíta: doslova „píseň Vznešeného". Text 700 veršů ve fromě promluvy mezi gurem Krišnou a žákem Ardžunou. Je považován za jeden ze tří základních textů hinduizmu.

Bhakti: oddanost.

Bhava: nálada.

Bhuta jadžna: ochrana flóry a fauny jako způsob uctívání, jedna z panča mahá-jadžnas.

Brahma jadžna: vzpomínka na *gurua* a Védy jako způsob uctívání, jedna z *panča mahá-jadžnas*.

Brahma Sútry: 555 aforizmů sepsaných Veda Vjásou, které vysvětlují a systematicky rozčleňují Védy týkající se Nejvyšší Pravdy, jeden ze tří základních textů hinduizmu.

Brahmačari: svobodný, v celibátu žijící žák/student gurua.

Brahmačarja: celibát, čtvrtý z pěti principů *jama* Pataňdžaliho systému *aštanga jógy*.

Brahmačarja ašrama: první stupeň v tradičním Védském životě, kdy člověk žije a je vychovávám *guruem*.

Brahman: vše pronikající, věčné, blažené vědomí, které prostupuje jedince a vesmír; podle filozofie Védánty nejvyšší Skutečnost.

Brahmín/brahmán: člen kasty duchovních.

Brhaspati: nižší božstvo, které je považováno za gurua všech nižších bohů.

Buddhi jóga: „jóga intelektu" – výraz, který Krišna používá pro postoj *karma jógy* v Bhagavad-gítě.

Čakra: doslovně „kolo"; pletenec jemných nervů, který se podrobně probírá v józe, kundalini a tantrických systémech.

Daityové: démoni, děti Kašjapy a Diti.

Daivi sampat: božské vlastnosti.

Dama: ovládání smyslů.

Daršan: „svaté zření" – konkrétně získání přijetí u Boha, gurua nebo mahátmy; objetí Ammy.

Déva: Bůh, nižší božstvo.

Déva jadžna: uctívání Boha, konkrétně v podobě živlů a přírodních sil; jedna z *panča mahá-jadžna*.

Dévata: nižší božstvo.

Devi: bohyně, Boží matka vesmíru, ženská manifestace Boha.

Devi Bhava: zvláštní forma daršanu, při které Amma přebírá oblečení a chování Devi.

Dharana: soustředění mysli na jeden předmět, šestý krok v Pataňdžaliho systému *aštanga jógy*.

Dharma: způsob jednání, který bere ohled na harmonii světa, společnosti a jedince.

Dhjána: meditace, sedmý stupeň v Pataňdžaliho systému *aštanga jógy*.

Drg-dršja vivéka: rozlišování mezi pozorovatelem (já) a pozorovaným (ne-já).

Džapa mala: modlitební korále používající se k získání koncentrace a počítání při opakování mantry, také růženec.

Džijnasu: jedinec mající touhu – naléhavě toužící po Pravdě/ Bohu.

Džívanmukta: ten, který dosáhl stavu *džívanmukti* – osvobození od veškerého utrpení za života.

Džívátma-paramátma-aikja džnána: poznání, že vědomí v jednotlivci je stejné jako univerzální vědomí.

Džnána: poznání, vztahující se zejména k átmánu.

Džnána jóga: praxe učení a osvojení duchovních pravd, které žáka učí žijící mistr.

Džnánedrija (džnána + indrija): „orgán poznání", smyslové orgány (uši, oči, nos, jazyk a kůže).

Ganeša: zpodobnění Boha se sloní hlavou symbolizující buď nejvyšší Božství nebo nižší božstvo, které odstraňuje překážky.

Gaudápadačarja: velký guru Adiho Šankaračárji. Je autorem slavného komentáře k Mandukja upanišádě.

Grhasta ašrama: rodinný život. Druhý stupeň tradičního Védského života.

Guru: duchovní mistr, který učí žáky.

Guru bhava: „nálada gurua" označuje roli učitele a vychovatele.

Guru séva: vykonávání činností dle instrukcí gurua nebo jako věnování guruovi.

Guruvayurappan: podoba Šrí Krišny instalovaná v keralském chrámu známém jako Guruvayur.

Hanuman: opičí božstvo v eposu Ramajána, které je zcela oddáno bohu Rámovi; v Indii má mnoho uctivatelů.

Hatha jóga: tělesné polohy a protahování, které připravují tělo, energii a mysl k meditaci.

Himsa: násilí.

Integrovaná meditační technika Amrita®: známá také jako Technika IAM®, meditační technika vytvořená Ammou, kterou po světě vyučují autorizovaní zástupci Mata Amritanandamayi Math.

Išvara pranidhanam: odevzdání se Bohu, poslední z pěti *nijam* Pataňdžaliho systému *aštanga jógy*.

Jadžna: Védský rituál, druh uctívání, postoj za každým činem, který napomáhá dosáhnout osvícení.

Jama: zakázaná činnost, první krok v Pataňdžaliho sytému aštanga jógy.

Jóga: spojit, splynout.

Jóga sútry: sbírka 196 aforizmů sepsaná mudrcem Pataňdžalim, kde je popsán systém aštanga jógy.

Judištira: nejstarší z pěti Pánduovců, šlechetných bratrů z eposu Máhábhárata.

Kabadi: indický sport, kdy dva týmy okupují protilehlé poloviny hřiště a střídají se s vysíláním „jezdce" do pole soupeře. Jezdec se snaží probít a vrátit se zpět do vlastní poloviny zadržujíce celou jízdu dech.

Karika: veršovaný komentář.

Karma: činnost.

Karma jóga: zastávaný postoj během provádění činnosti a přijímání jejích výsledků, pomocí kterého jedinec transcenduje své prefence.

Karma jogín: ten, kdo vykonává karma jógu.

Karmendrija (karma + indrija): orgán činnosti (ruce, nohy, jazyk, orgán reprodukce a orgán vyměšování).

Kasája: neschopnost získat dokonalý meditační vnor díky přáním, které zůstávají v podvědomé mysli.

Kottu kallu kali: dětská hra.

Krišna: inkarnace Boha v lidské podobě. Narodil se asi před 5000 lety v severní Indii.

Krišna Bhava: zvláštní druh daršanu, při kterém Amma přebírá oblečení i chování Šrí Krišny.

Laja: vnoření; spánek, překážka meditace.

Lakšja bodha: neustálé uvědomování si cíle.

Lalita Sahasranama: litanie 1000 jmen Boží Matky, popisující její vlastnosti a ctnosti.

Líla: Boží hra, vnímat život jako hru a jednat v ní s odpoutaným postojem.

Ma: slabika symbolizující boží lásku, kterou Amma užívá ve své meditaci Ma-Om.

Máhábhárata: rozsáhlý epos autora Veda Vjásy, ve kterém nalezneme Bhagavad-gítu.

Mahátma (mahá + átma): velká duše, guru, světec, mudrc atd.

Mája: iluze, to, co má pouze dočasnou existenci, to, co se mění.

Manana: druhý krok džnána jógy, odstranění všech pochybností skrze reflexi a dotazování se gurua.

Mánasa pudža: formální či neformální provádění uctívání.

Mantra: posvátná formule recitovaná se soustředěnou myslí jako způsob modlitby.

Mantra dikša: Zasvěcení do mantry.

Manušja jadžna: pečování o spolubližní jako podoba uctívání, jedna z panča mahá-jadžnas.

Marga: cesta.

Marmika: mistr v umění vitálních tlakových bodů.

Meditace Ma-Om: Meditační technika vyvinutá Ammou, která synchronizuje nádech a výdech se slabikami (popořadě) ma a om.

Meditace nirguna: meditace na átman, Podstatu, která je bez formy.

Meditace saguna: Meditace na předmět s vlastnostmi.

Mokša: osvobození.

Mumukšutvam: intenzivní touha po osvobození.

Narájana: jméno Boha Višnua.

Natarádža (nata + rádža): „král tance", jméno Boha Šivy.

Nidhidhjásana: třetí a poslední aspekt *džána jógy*, osvojení naučeného.

Nijama: předepsaná pravidla pro jogíny – druhý krok v Pataňdžaliho systému *aštanga jógy*.

Nisidha karma: činy, které písma zakazují.

Óm: posvátná slabika symbolizující Boha s formou i bez, podstata Véd.

Pada pudža: rituální uctívání, při kterém jsou nohy (symbolizující Sebepoznání) mahátmy omývány obětinami – růžovou vodou, ghím (přepuštěným máslem), medem, jogurtem, kokosovou vodou a mlékem.

Padmásana: (padma + asana) „lotosový sed", pozice v sedě sloužící k meditaci, kdy každá noha leží na lýtku nohy protilehlé.

Panča mahá-jadžna: pět vělkých forem uctívání, které má – podle Véd – vykonávat světský člověk denně až do přijetí sanjásy či své smrti.

Pápa: nedostatek vzniklý ze sobecké činnosti, která někoho poškodí.

Parampara: linie, zejména úspěšná linie guru-žák.

Pataňdžali: mudrc z prvního či druhého století př. Kr., který je autorem jóga súter a významných textů o sánskrtské gramatice a ajurvédě (tradiční indické medicíně).

Pítham: posvátné místo, na kterém tradičně sedí guru.

Pitr jadžna: obětování zesnulým předkům a pečování o vlastní starší příbuzné jako forma uctívání, jedna z panča mahá-jadžnas.

Prána: životní síla, dech.

Pranajáma (prana + ajama): „prodloužení dechu", označuje techniky ovládání dechu používané pro zlepšení zdraví a získání koncentrace v meditaci – čtvrtý stupeň Pataňdžaliho systému aštanga jógy.

Pranam: poklona jako znamení pokory a úcty, také provedení anžali mudry či dotek nohou na znamení úcty.

Prána vikšana: sledování dechu.

Prarabdha karma: výsledky činů vykonaných v minulosti, které nesou své plody v současnosti.

Prasád: posvěcené obětiny, jakékoli jídlo obdržené od gurua.

Pratjahára: odtažení smyslů od smyslových objektů, pátý stupeň v Pataňdžaliho systému aštanga jógy.

Pudža: uctívání, rituální uctívání.

Pudža místnost: prostor určený jen k rituálům a meditaci.

Púnja: zásluha, neviditelný výsledek činů vykonaných s ušlechtilou motivací, které prospívají druhým.

Rága: modální stupnice v Indické klasické hudbě; připoutanost.

Ramana Maharishi: *mahátma*, který žil v Tamil Nadu v letech 1879-1950.

Ranganathnan: socha Boha Višnua vystavená v chrámu v Tiruccirapalli, ve státě Tamil Nadu.

Rásavada (*rasa + avada*): „chutnání blaženosti", překážka v meditaci.

Riši: osvobozený mistr, pojem často uváděný v souvislosti se starověkými mudrci, kteří první zveřejnili védské mantry a pravdy.

Sadguru: osvícený duchovní mistr.

Sádhana: prostředek k cíli, duchovní praxe.

Sádhana čatustaja sampati: čtyřstupňová kvalifikace poznání své Podstaty – *vivéka, vajrágja, mumukšutvam* a *samádi sadka-sampati.*

Sádhana Pančakam: Text o pěti verších, který vyjmenovává 40 duchovních instrukcí sepsaný Adi Šankaračárjou.

Sagarbha pranajáma: synchronizace dechu s recitováním *manter.*

Sahadža samádhi: „přirozené *samádhi"*, trvalé ponoření mysli ve vědomí vzniklé na základě poznání, že podstata všeho je pouze vědomí.

Sakama karmas: činy vykonané jako prostředek k získání materiálního cíle.

Sakha: přítel.

Sakši bhava: fungování z úrovně pozorovatele s ohledem na vnější svět i mentální procesy.

Šama: ovládání mysli.

Samadhana: jednobodová koncentrace.

Samádhi: úplná bezusilovná absorpce ve zvolenou oblast meditace, poslední krok Pataňdžaliho systému *aštanga jógy.*

Samádi satka sampati: šestero kvalifikací začínající se *šama* (kontrola mysli) – *šama, dama, uparama, titikša, šradha, samohana.*

Samskára: psychické vlastnosti, které jsou jedinci vlastní v okamžiku zrození pocházející z minulých životů; hinduistické rituály.

Sanátana dharma: označení hinduizmu, znamenající „Věčnou cestu života", život na základě dharmy (zákona či povinnosti). Jeho principy jsou univerzální a trvalé.

Sančita karma: celková zásobárna budoucí karmy jednotlivce.

Sandhja-vandanam: rituální série modliteb a prostrací ortodoxních hinduistů, zjm. *brahmánů*, prováděná při východu a západu slunce.

Sangha: společenství.

Sanjása ašrama: čtvrtý a poslední stupeň tradičního védského života, kdy jednotlivec opouští veškeré vztahy a stává se mnichem.

Sanjásin: ten, kdo byl iniciován do stavu *sanjásy*, mnišství.

Sankalpa: silné rozhodnutí; koncept.

Santošam: spokojenost, druhý z pěti principů nijama Pataňžaliho systému *aštanga jógy*.

Sárí: tradiční oděv indických žen.

Šarira-traja vivéka: rozlišování mezi *átmánem* a třemi těly (hrubým, jemným a kauzálním).

Šástra: písmo.

Šášvata: věčný, nadčasový.

Satjja: pravda, druhý z pěti principů jama Pataňdžaliho systému aštanga jógy.

Satsang: spirituální přednáška; čas strávený v přítomnosti svatých, mudrců a duchovních přátel – adeptů.

Saučam: čistota, první z pěti principů *nijama* Pataňdžaliho systému *aštanga jógy*.

Séva: nezištná služba.

Šiva: podoba Boha, která v závislosti na kontextu symbolizuje buď sílu rozpuštění vesmíru či nejvyšší Božstvo; vědomí, přízeň.

Šradha (v sánskrtu): jednání na základě víry/důvěry v gurua a písma; (v malajamštině) bdělost s ohledem na vlastní jednání, slova a myšlenky.

Šravana: naslouchání duchovnímu učení, první ze tří stupňů džnána jógy.

Šrímad Bhágavatam: Bhágavata Purana, text připisovaný Veda Vjásovi popisující různé inkarnace Boha Višnua, včetně života Krišny.

Suka Muni: osvícený syn Veda Vjásy.

Sutra: aforizmus, moudrost zahrnutá v krátkých verších.

Svadhjája: studium vlastní Podstaty – tj. studium písem, které učí o vlastním Já, čtvrtý princip *nijama* Pataňdžaliho systému *aštanga jógy.*

Světec Džnanešvar: světec z 13. století z okolí Púny, autor slavného komentáře k Bhagavad-gítě.

Tabla: indické bubínky.

Tamas: Guna (kvalita) letargie, nevědomosti a lenosti.

Tapas: odříkání, třetí z pěti principů *nijam* Pataňdžaliho systému *aštanga jógy.*

Titikša: schopnost udržet si trpělivost a vyrovnanou mysl za různých životních okolností, jako je horko a chlad, radost a bolest atd.

Upadeša Saram: „Podstata moudrosti", text na téma duchovní praxe a naší Podstaty sepsaný Ramanou Maharishim.

Upanišáda: védské učení, které vysvětluje povahu naší Podstaty; filozofická část Véd.

Uparama: trvalé setrvávání ve vlastní *dharmě.*

Vajrágja: odpoutanost, odstup,

Vanaprašta ašrama: třetí stupeň tradičního védského života, ve kterém jednotlivec opouští domov, aby žil meditačním životem v lese nebo poustevně gurua.

Varuna Déva: nižší božstvo, které ovládá vodu, konkrétně oceány a déšť.

Vásana: psychické tendence, latentní či manifestované.

Veda Vjása: významný mudrc hinduistických dějin. Připisuje se mu kompilace Véd a autorství Brahma Súter, Máhábháraty, Šrímad Bhágavatam a dalších podstatných textů hinduizmu.

Védy: primární texty hinduizmu. Jsou celkem čtyři: Rg Véda, Sama Véda, Atharva Véda a Yajurvéda. Každá z Véd je zhruba rozdělena do čtyř částí: část samhita, část brahmana, část aranayka a část upanišád. Popořadě se zabývají recitací manter, rituály, meditací a nejvyšším poznáním. Védy nebyly sepsány lidmi, ale Bůh je vyjevil mudrcům v hluboké meditaci. Původně se učily ústně. Pouze kodifikovány a sepsány byly před 5000 lety.

Vidéha-mukta: ten, kdo dosáhl videha-mukti – totální osvobození od těla i z nekonečného koloběhu života a smrti.

Vikšepa: psychický neklid, překážka meditace.

Višnu: podoba Boha symbolizující na základě kontextu buď sílu udržení vesmíru, nebo nejvyšší božstvo.

Vivéka: rozlišující myšlení, konkrétně schopnost rozlišovat mezi věčným (naše Podstata) a dočasným (vše, co není naše Podstata).

Vivéka budhi: očištěný intelekt obdarovaný silou rozlišujícího myšlení.